美しい
食事のマナー

JALアカデミー 監修

成美堂出版

はじめに

どんなにおしゃれに装っていても、食事のしかたが美しくない人はすてきに見えません。食事のマナーとは、「食べ方」という振る舞いだけでなく、一緒にテーブルを囲む人や周囲への思いやりや気配りまで含まれます。日々の一食、一食を大切にし、美しいマナーでいただくことで、食事のひとときを、より楽しく、より充実したものにしましょう。

本書の使い方

ひとまとめに覚えよう

関連した振る舞いがひと目でわかるように、まとめてあります。一緒に覚えてしまいましょう。

実際に行ってみよう

正しい振る舞い方を、イラストで詳しく図解しています。本書を見ながら実際に行ってみることで身につけましょう。

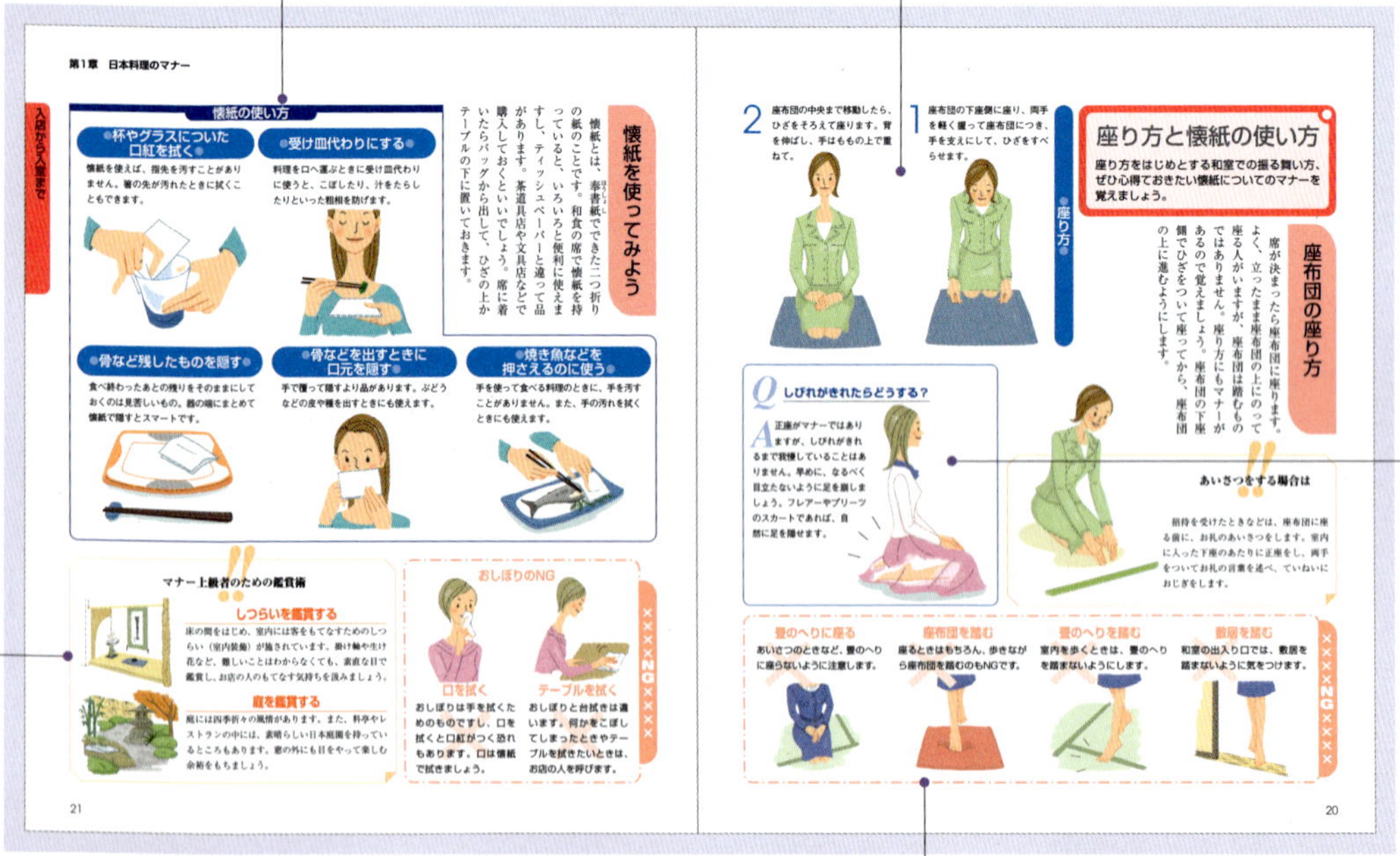

マナー上級者へステップアップ

知っておくと得するうんちくや、ちょっと上級者的な振る舞いをまとめてあります。徐々にステップアップしていきましょう。

NGの振る舞いをチェックする

してはいけないことを、まとめてあります。自分の振る舞いを思い出して、チェックしてみましょう。

素朴な疑問はQ&Aで解決

人に聞きたくても聞けなかったような、素朴な疑問に触れています。マナー初心者の心強い味方です。

CONTENTS

美しい食事のマナー

第4章 立食パーティーのマナー

第5章 お酒のマナー

序章

テーブルマナーの基本

•

テーブルマナーは日々の食事をより豊かに、楽しく、美しいものにするためにあります。
マナーだからと堅苦しく考えず、
素敵な女性になるためのレッスンとして始めてみましょう。

テーブルマナーとは

「食事をするのに、いろいろマナーがあるのは堅苦しい」と思う人もいるでしょう。でも、テーブルマナーはだれもが美しく食べられるように考えられたものです。まず、基本的なことを把握しておきましょう。

テーブルマナーの考え方

テーブルマナーは、食事をおいしく、楽しく、美しく食べるための決まりごとです。といってもルールのように堅苦しいものではなく、根底にあるのは同席の人を不快にさせないための思いやりです。また、だれもが美しく食べられるよう合理的に考えられています。

●失敗を防ぐ●

グラスを倒してしまうなどの失敗があると、同席の人にも不快な思いをさせてしまいますが、マナーがきちんとしていれば、失敗を防ぐことができます。

●相手への思いやり●

食事はひとりでするより相手がいたほうが楽しいものです。食事をより楽しいものにするには、相手への思いやり＝テーブルマナーが必要です。

●会話にも気配りする●

マナーは振る舞いだけに限りません。食事の席に合った楽しい会話を心がけ、会話のキャッチボールをすることも、マナーのうちです。

●美しく食べる●

テーブルマナーを意識して食事をすると、すべての動きがきれいでムダがなく、きちんとした印象を与えることができます。

●お店への感謝を表す●

お店の人にもきちんとしたマナーで接し、料理を楽しみながら、きれいに食べることは、お店への感謝の気持ちを表すことになります。

マナー上級者に見せるポイント

正しい姿勢

椅子に深く腰かけ、背すじをピンと伸ばして食事をするだけで、見た目の美しさが違います。まず、正しい姿勢を心がけましょう。

笑顔

食事の席を盛り上げるのは、おいしい、楽しいといった笑顔です。ブスッとした顔では、同席者はもちろん、お店の人も味が合わないのだろうかと心配するでしょう。

日ごろからの意識

その場だけのマナーでは、ボロが出やすいもの。日常の食事でも美しく食べるようマナーを意識していると、いざというときに困りません。

Q マナーがわからないときは？

A 同席の人の真似をして食べれば大丈夫。食べ方がわからない料理が出たときは、お店の人に遠慮なくたずねます。

Q 相手がマナー違反をしたら？

A 何も言わずにいるのが相手への思いやりであり、マナーです。ただし、身内や親しい間柄であれば、教えてあげたほうがいいでしょう。

Q どんなお店でもマナーは必要？

A 必要ではありますが、いつでも最上級のマナーで振る舞うのはおかしなもの。カジュアルなレストランでは多少くだけたマナーで、といった使い分けをしましょう。

予約と服装

食事の楽しみは、お店選びから始まっています。お店が決まったら予約をとり、お店に合わせて服を選びましょう。服装にもマナーがあるので気をつけて。

まず、お店を選ぼう

お店を選ぶには、和・洋・中といった料理の種類やお酒の種類、お店の雰囲気、場所、価格などを調べることが必要です。そのうえで、一緒に行く人の好みや都合を考え、誕生日祝いといった目的があれば、それも考慮して選びます。招待する人がいる場合は、その人の好みを最優先して決めましょう。

予約をする

お店が決まったら、予約をします。数か月先まで予約が入っているというお店もありますが、通常は2～3日前までに予約を入れればOK。席があれば当日の予約もできるので、急に決まった場合でも、電話を入れておいたほうが安心でしょう。

予約を変更するときは

なるべく早くお店に電話を入れて、変更内容を伝えます。日時や大幅な人数の変更はできない場合もあるので、新たにお店選びが必要になるかもしれません。変更が必要なときは、まず電話で相談を。

お店探しにはガイドブックやインターネットを利用するのも方法です。メニューやお店の雰囲気などがわかると、安心して選べます。

予約のときのポイント

- 日時、人数を伝える。
- 窓際や個室など、席の希望があれば伝える。
- 誕生日祝いや接待など、食事の目的があれば伝える。
- メニュー内容やおすすめ料理などの情報を聞く。

カードをチェック

クレジットカードを使うつもりであれば、どのカードが使えるかを聞いておきます。使えない場合は、現金が足りなくなることのないよう、しっかり用意を。

遅刻は厳禁

約束の時間に、お店にだれも到着していないと、キャンセルとみなされてしまうことがあります。遅刻は厳禁ですが、やむを得ず遅れそうなときは、なるべく早めにお店に連絡を入れましょう。

お店に合わせた服装を

改まったお店に、普段着で出向くというのはマナー違反です。お店の雰囲気や食事の目的、ランチかディナーかなどということを考えに入れて、服を選びましょう。仕事帰りの場合は、アクセサリーやスカーフなどで工夫を。

パンツスタイルもOK

カジュアルなものを避け、エレガントに装いましょう。座敷に上がる場合は、裾を引きずりすぎないよう、ほどほどの長さのものを。

ヘアスタイル

食事をするときにじゃまにならないよう、ロングヘアの場合は、とくにまとめるなどの工夫を。

ネイル

食事の席では指先に目がいきやすいので、濃すぎる色を避け、マニキュアのはがれ落ちがないよう注意します。

香水

料理は香りも楽しむものなので、強すぎる香水はNG。つけるなら、ほのかに香る程度に。

ストッキング

座敷に上がる場合は、ストッキングを履きましょう。もちろん伝線に注意します。

靴

スニーカー、ミュール、ブーツなどのカジュアルなものを避け、エレガントな靴を選びます。

バッグ

大きいバッグはカジュアルになるので、小ぶりのものを選びましょう。

和風のレストランでは座りやすい服装で

和風のレストランでは肌をあまり見せず、きちんとした印象のおしゃれを目指しましょう。和室で食事をする場合は、フレアースカートのように座りやすい服装を心がけます。

洋風レストランのディナーでは肌を見せてもかまいません

夜の会食では、イブニングドレスに代表されるように、デコルテ（首から胸の部分）を見せるほうが正装です。といっても日本では、ほどよい露出で、上品に、華やかに装うのがいいでしょう。

オーダーのしかた

お店に到着し、席に着いたら、いよいよオーダーです。ここでは和食・洋食を問わず、オーダーのしかたについて説明しましょう。何を食べるかを決めるところから、食事の楽しみが始まります。

コースとアラカルト

和・洋・中を問わず、たいがいのレストランにはコース料理とアラカルト（一品料理）があります。

コース料理は自分で組み合わせる手間が省けますが、アラカルトには好きなものを組み合わせる楽しみがあります。それぞれのいい点を知って選ぶといいでしょう。

好きなものを頼む

せっかくの食事ですから、「何でもけっこうです」「みなさんと同じもので」などと言うのは避けたいもの。メニューを見て、わからなければ、お店の人に聞いたり、いろいろ相談しあって決めるといいでしょう。

上手なオーダーのポイント

- わからない料理は、お店の人に聞く。
- おすすめ料理や人気料理などをお店の人に聞く。
- ひとりがコースで、ひとりが一品だけというように、品数に大差がないよう注文する。
- 量に注意し、注文しすぎて残さないようにする。
- 苦手なものがある場合は、あらかじめ確認して避ける。

●コース料理とは●

前菜からデザートまで数品が組み合わせられているので、いろいろな料理をバランスよく食べることができます。

●アラカルトとは●

一品料理なので、好きなものを組み合わせることができます。ただし、コースに比べると一品の量がやや多いので、品数は調整しましょう。

苦手なものがある人は、お店の人に確認してから注文すると安心です。また、量も聞いて注文しすぎないよう注意します。

接待や招待の場合

ごちそうになる側は、メニューを決めづらいものです。予約を入れるときに、あらかじめ決めておくのもいいでしょう。

お酒のオーダーについて

夜の食事ではとくに、お酒を楽しむことが多いでしょう。料理に合わせて、または自分の好みで、お酒を選ぶのは楽しいものです。食事のメニューとは別に、アルコールのメニューが渡されるので、一緒に選びます。

飲めない人は

カクテルや水割りなど、弱いお酒を注文するのも方法ですが、まったく飲めなければ無理をせず、ソフトドリンクを頼むといいでしょう。

食前酒の楽しみ方

メニューをじっくり見たいときは、まず食前酒を一杯頼み、飲みながら検討するのもいい方法です。相手が遅れて来るときも、とりあえず食前酒を頼めば手持ちぶさたが解消されます。

Q　料理が出てくるまでタバコを吸ってもいい？

A　現在は、食事をする席では禁煙とし、別に喫煙ルームやコーナーを設けているお店が多いでしょう。喫煙したい人は事前に確認を。トイレなどで隠れて吸うのは厳禁。

Q　値段の入っていないメニューなんてある？

A　あらかじめ接待や招待であることを告げておくと、ゲスト側には値段表記のないメニューが渡されることがあります。また、洋食のレストランでは、女性に渡されることがあります。

食事の前にすませておくこと

携帯の電源を切る

食事中に鳴り出さないよう電源を切るか、マナーモードにしておきます。

電話

電話をかけたり受けたりしなければならない用件は、食事の前にすませておきます。

トイレ

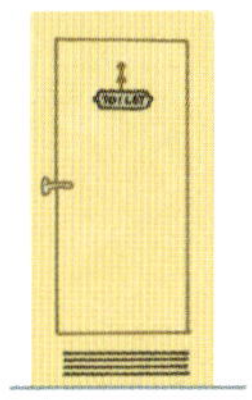

食事の途中で席を立たないよう、心配であれば着席前か、オーダーが終わった直後にすませます。

口紅を押さえる

グラスにべっとりと口紅をつけないよう、軽くティッシュペーパーで押さえておきます。

NG集

和・洋・中など、料理の種類を問わず覚えておきたい
基本中の基本のマナーです。

口を開けたままかむ

かんでいるものを人に見せる食べ方は不快なもの。かむときは口を閉じ、クチャクチャ音を立ててかまないように気をつけます。

遅刻する

遅れて来る人がいると、食事を始めることができないので、同席者はもちろん、お店の人にも迷惑がかかります。初めてのお店の場合は、とくに余裕をもって出るようにしましょう。

口に食べ物が入ったまま話をする

口の中のものが見えるだけでなく、飛び出してしまうこともあります。話し始めるときは、必ず飲み込んでからにします。

中座をする

食事が始まったら終わるまで、中座をしないのがマナーです。どうしてもトイレや電話などで席をはずすときは、オーダーが終わった直後か、メインディッシュが終わったあとなど、切りのいいところで、短時間ですませるようにします。

音を立てる

西洋式のマナーではとくに、スープなどを飲むときにズズズーッと音を立てることが嫌われます。フォークやナイフが食器にカチャカチャ当たることにも注意。

食事中、髪に触る

やたらと髪を触ったり、落ちてくる髪をかき上げたりするのはタブーです。触らなければいられないヘアスタイルであれば、アップにするなど、落ちてこないスタイルにまとめておくこと。

食事の基本マナー

食事中にふさわしくない話をする

食事中はその場が明るく、楽しい雰囲気になる話題を選びます。汚い話、下ネタはもちろんのこと、政治や宗教など議論になりそうなことも避けるのがマナーです。

食べるときに片ひじをつく

左ひじをテーブルにつき、右手だけで食事をするのはマナー違反です。洋式では左手にフォーク、右手にナイフを持ち、和式では左手で器を持って食べます。

料理のうんちくをくどくどと述べる

適度なうんちくは話題提供になりますが、くどくどと述べすぎないように。また、料理の批判はおいしいと思って食べている人もいるはずですから控えましょう。

犬食いをする

器を置いたまま、口のほうを近づけて食べることを「犬食い」といいます。姿勢を正し、食べ物のほうを口に持ってきます。

料理を残す

料理は食べられる分だけを注文します。食事の約束があるときは、ちゃんとおなかを空かせ、コンディションを整えて食事にのぞみましょう。

食べるペースが人と合わない

人と食事をする場合、自分だけ早すぎると相手は焦りますし、遅すぎると待たせてしまいます。相手と食べるペースを合わせるように配慮しましょう。

食事を楽しむための5つのポイント

1 緊張しすぎない

マナーを意識することは必要ですが、コチコチに緊張していては、食事をおいしく味わえません。完ぺきを目指さないで、くつろぎましょう。

2 遠慮しすぎない

「席は末席で…」「料理は何でも…」と遠慮ばかりしていては、その場を楽しめません。横柄に振る舞うのはタブーですが、積極的に振る舞いましょう。

3 まわりに気配りする

マナーでわからないことがあってもビクビクせず、まわりの人のことを考えて振る舞えば、自然とマナーにかなったものになります。人を思いやる心があれば大丈夫。

4 料理を五感で味わう

料理はまず目で見て鑑賞し、香りや、味や歯ざわりなどを楽しみます。五感をフル活動させるつもりで、味わいましょう。

5 器や盛りつけも楽しむ

料理は器との調和も大切ですし、盛り方にも工夫が凝らされています。プロの料理人の技をしっかり堪能しましょう。

幸せな食事の効用

食事はおいしいと感じながら、楽しい気分で食べると、代謝がよくなるといわれています。つまり、太りにくいというわけです。せっかくの食事ですから、幸せ気分を満喫するように心がけましょう。

第1章

日本料理のマナー

日本料理を美しくいただくポイントは、
箸使いと器の扱い方です。
日々、慣れ親しんでいるだけに、自分の振る舞いをチェックし、
改まった席でのマナーを身につけましょう。

入店から入室まで

日本料理の料亭やレストランでは、座敷に上がる場合と、椅子席の場合があります。席次やその他のマナーは、どちらの場合も変わりません。ここでは主に、座敷の場合のマナーを説明しましょう。

お店に着いたら

受付の人に「○時に予約をしている○○です」と名前を告げて、案内に従います。勝手に席に着くのはタブーです。「コートをお預かりします」と言われたら、その場で脱いで預け、荷物があれば一緒に預けます。

玄関の上がり方

和風の造りのお店であれば、玄関で靴を脱いで上がります。そのとき、靴を脱ぎっぱなしにするのは恥ずかしいものです。上がってから、靴の向きを直しましょう。ただし、お店の人や下足係りがいる場合、「そのままでどうぞ」と言われたら、遠慮なくサービスを受けます。

●上がり方●

1 中央を少しよけた場所から上がります。体を少し横向きにしてもいいでしょう。

2 上がったら向き直り、お尻を少し横に向けてひざまづき、靴の向きを変えて、隅のほうにそろえて置きます。

××××NG××××

脱ぎにくい靴を履いている

座敷に上がる可能性がある場合は、ひも靴やブーツなどを避けましょう。

後ろ向きに上がる

靴の向きを直す手間が省けますが、訪問先にお尻を向けるのは美しくありません。

ペディキュアが派手すぎる

カジュアルな場ではないので、人がギョッとするような色や派手な色は避けましょう。

ストッキングが伝線している

お店に向かう前か途中でチェックし、伝線していれば、新しいものに履き替えます。

席次とは

席次とは、座席の順序のことで、和室の場合は、床の間のあるほうが上座、出入り口に近いほうが下座というのが原則です。ただし、上座・下座はテーブルの向きや人数、室内の造りなどによって変わるので、原則をもとに、そのつど判断しましょう。

ゲストや目上が上座に

上座に座るのは、招待や接待の席であればゲスト、お祝いなどの席であればその主役です。そうでなければ、目上の人が座ります。恋人などカップルの場合は、男性が上座に座ります。

目下が気配りを

だれが上座に座るかは、譲り合いになって、なかなか決まらない場合があります。室内に入ったら目下の人が気配りし、目上に上座を勧めて、自分はサッと下座につきましょう。

●2人の場合●

床の間を背にした席が上座です。

●4人の場合●

床の間により近い席が、一番の上座です。

●4人の場合●

床の間に近いほう、出入り口から遠いほうが上座になります。

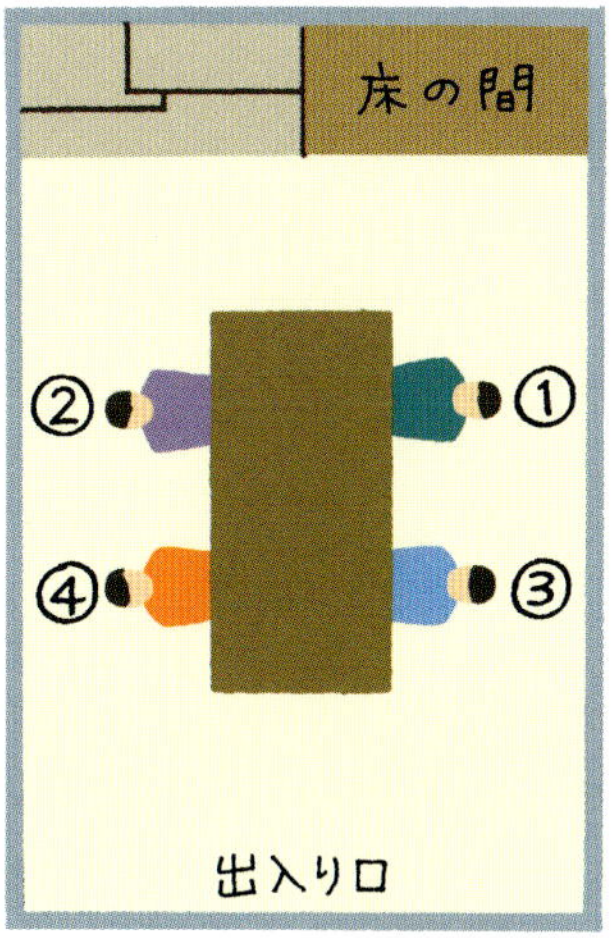

Q 仲間の集まりではどうする？

A だれが目上ということもない仲間同士の集まりでは、席次は気にしなくていいでしょう。下座のほうが床の間が見えて好きという人もいますし、庭が見える席がいいという人もいるでしょう。ケースバイケースで考えます。

Q 床の間がない部屋では？

A 出入り口から一番遠い席が上座になります。また、床の間の横に出入り口があるという場合も同様です。出入り口に近い席はお店の人とのやりとりなど、雑事を引き受けることになるので、ゲストや目上には一番奥の席に座ってもらいます。

!! 靴を脱ぐときは足のにおいにも注意

座敷に上がったときに足のにおいがするのは恥ずかしいものです。仕事の帰りなど、長時間靴を履いたあとに脱ぐときは、とくに注意。消臭効果のある中敷きを使ったり、足用や靴用の消臭スプレーを事前に吹きかけたりといった気配りをしましょう。

座り方と懐紙の使い方

座り方をはじめとする和室での振る舞い方、ぜひ心得ておきたい懐紙についてのマナーを覚えましょう。

座布団の座り方

席が決まったら座布団に座ります。よく、立ったまま座布団の上にのって座る人がいますが、座布団は踏むものではありません。座り方にもマナーがあるので覚えましょう。座布団の下座側でひざをついて座ってから、座布団の上に進むようにします。

●座り方●

1 座布団の下座側に座り、両手を軽く握って座布団につき、手を支えにして、ひざをすべらせます。

2 座布団の中央まで移動したら、ひざをそろえて座ります。背を伸ばし、手はももの上で重ねて。

!! あいさつをする場合は

招待を受けたときなどは、座布団に座る前に、お礼のあいさつをします。室内に入った下座のあたりに正座をし、両手をついてお礼の言葉を述べ、ていねいにおじぎをします。

Q しびれがきれたらどうする？

A 正座がマナーではありますが、しびれがきれるまで我慢していることはありません。早めに、なるべく目立たないように足を崩しましょう。フレアーやプリーツのスカートであれば、自然に足を隠せます。

××××NG××××

畳のへりに座る

あいさつのときなど、畳のへりに座らないように注意します。

座布団を踏む

座るときはもちろん、歩きながら座布団を踏むのもNGです。

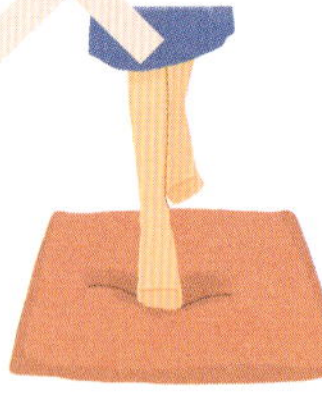

畳のへりを踏む

室内を歩くときは、畳のへりを踏まないようにします。

敷居を踏む

和室の出入り口では、敷居を踏まないように気をつけます。

懐紙を使ってみよう

懐紙とは、奉書紙《ほうしょし》でできた二つ折りの紙のことです。和食の席で懐紙を持っていると、いろいろと便利に使えますし、ティッシュペーパーと違って品があります。茶道具店や文具店などで購入しておくといいでしょう。席に着いたらバッグから出して、ひざの上かテーブルの下に置いておきます。

懐紙の使い方

●杯やグラスについた口紅を拭く●

懐紙を使えば、指先を汚すことがありません。箸の先が汚れたときに拭くこともできます。

●受け皿代わりにする●

料理を口へ運ぶときに受け皿代わりに使うと、こぼしたり、汁をたらしたりといった粗相を防げます。

●骨など残したものを隠す●

食べ終わったあとの残りをそのままにしておくのは見苦しいもの。器の端にまとめて懐紙で隠すとスマートです。

●骨などを出すときに口元を隠す●

手で覆って隠すより品があります。ぶどうなどの皮や種を出すときにも使えます。

●焼き魚などを押さえるのに使う●

手を使って食べる料理のときに、手を汚すことがありません。また、手の汚れを拭くときにも使えます。

マナー上級者のための鑑賞術

しつらいを鑑賞する

床の間をはじめ、室内には客をもてなすためのしつらい（室内装飾）が施されています。掛け軸や生け花など、難しいことはわからなくても、素直な目で鑑賞し、お店の人のもてなす気持ちを汲みましょう。

庭を鑑賞する

庭には四季折々の風情があります。また、料亭やレストランの中には、素晴らしい日本庭園を持っているところもあります。窓の外にも目をやって楽しむ余裕をもちましょう。

おしぼりのNG

××××NG××××

口を拭く

おしぼりは手を拭くためのものですし、口を拭くと口紅がつく恐れもあります。口は懐紙で拭きましょう。

テーブルを拭く

おしぼりと台拭きは違います。何かをこぼしてしまったときやテーブルを拭きたいときは、お店の人を呼びます。

箸の正しい使い方

和食を美しく食べるための基本となるのが、箸の使い方です。いろいろな決まりごとがありますが、箸が正しく使えるようになれば、食べ方も上手になり、同席者に不快な思いをさせることもありません。

箸は〝三手《さんて》〟で取る

箸は毎日使うものなので、無意識のうちに間違った使い方をしてしまいがちです。箸を取り上げる場合、正しくは両手を使って〝三手〟で取り上げます。箸を置くときは、その反対の動作を行います。まず、日々の箸の使い方から気をつけましょう。

××××NG××××

片手だけで取り上げる

箸を右手だけで取り上げ、手の中で回転させて持つ方法です。無造作にしてしまいがちなので気をつけましょう。

左手で取って右手で持つ

一応、両手を使っていますが、左手で箸先を触っています。口に入れる箸先を触るのはタブーです。

●箸の取り方●

1 箸を右手で取り上げ、胸の前まで持ってきます。

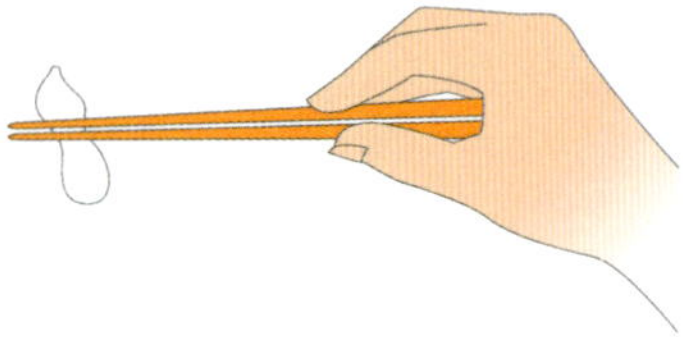

2 左手を箸の下に添えて受け、右手を箸に沿って右方向へすべらせます。

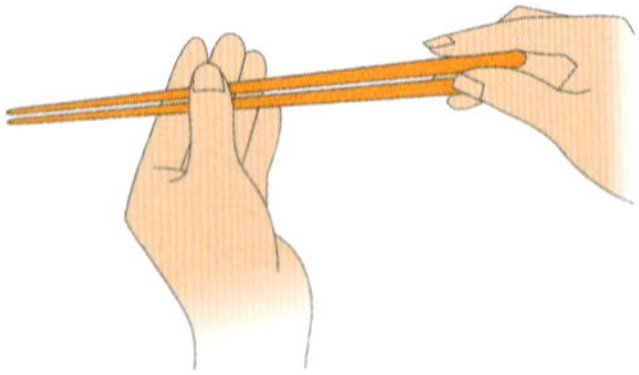

3 右手を右下に回して箸を持ち、左手を離します。

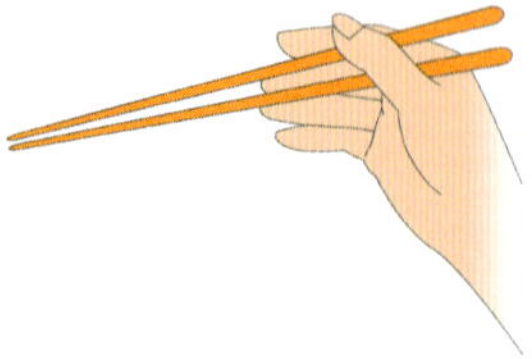

●箸の置き方●

1 左手を箸の下に添えて受け、右手を箸に沿って右方向へすべらせます。

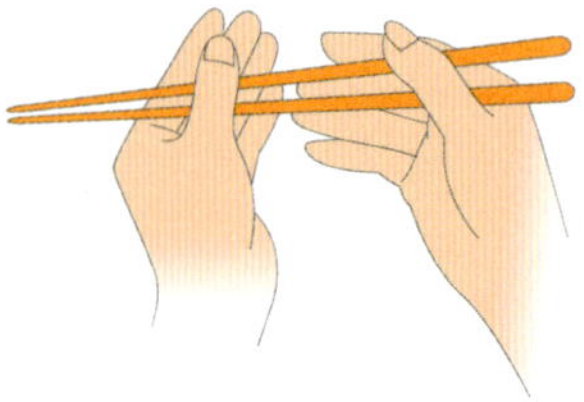

2 右手を右上に回して箸を上から持ち、左手を離します。

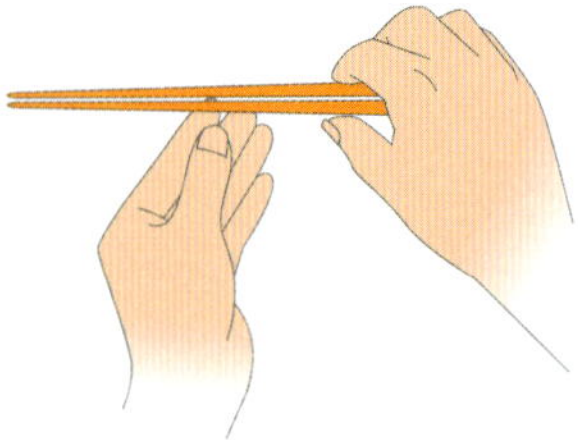

3 右手で持って、箸置きに箸を置きます。

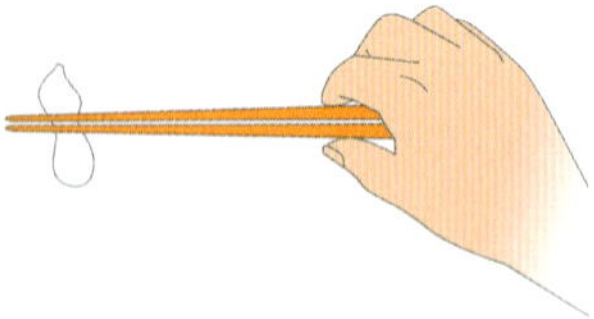

器を持って食べる場合

和食では、器は持って食べるのがマナーの原則です。器を持って食べる場合は、まず器を取り上げ、次に箸を取り上げます。このとき、器も箸も両手で取り上げるようにします。器を左手だけで取り、箸を右手だけで取り上げるのはタブーなので注意。

正しい箸の持ち方

1

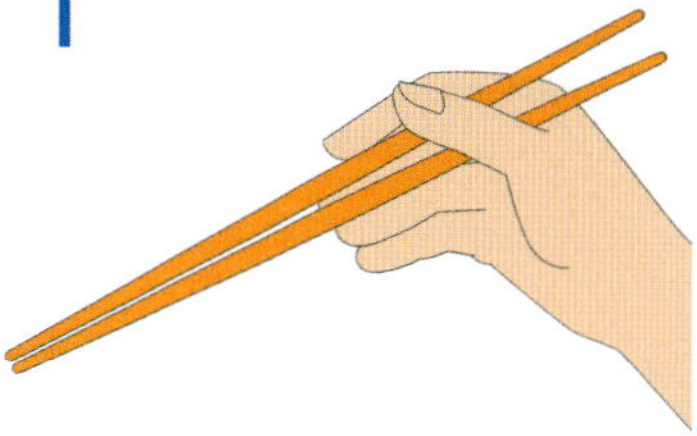

箸の真ん中より上を持ち、上の箸を人差し指と中指で軽くはさみます。

2

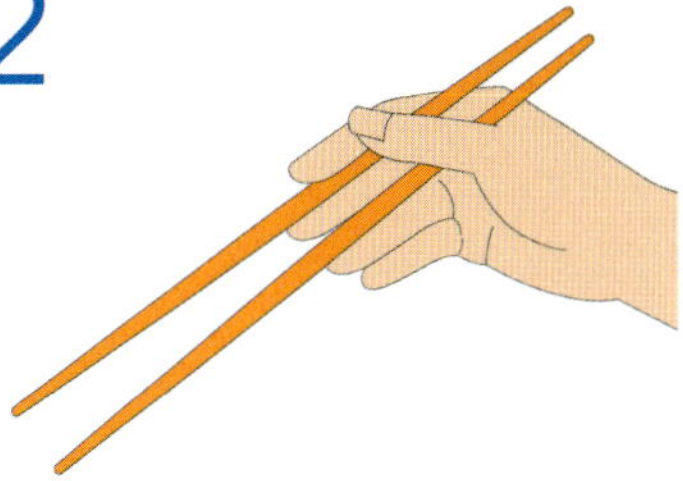

下の箸は親指のつけ根と薬指でしっかり固定し、上の箸だけを上下させて、食べ物をはさみます。

××××NG××××

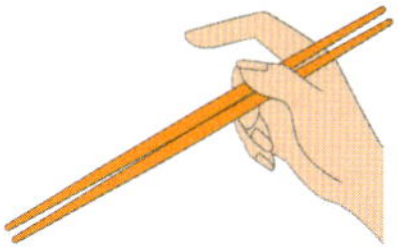

人差し指を使わないで持つので、人差し指が立って見苦しい。

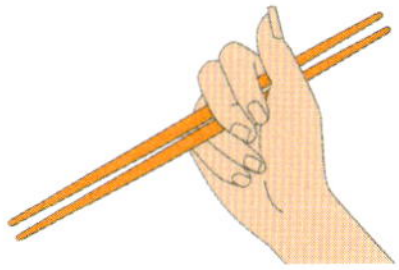

2本の箸をまとめて握るように持つので、箸を動かしにくい。

Q 左利きの人はどうする？

A 箸置きを右側に置いて箸の向きを変え、あとは右利きの場合と逆にして、マナー通りに行います。

Q 箸が濡れている？

A 懐石料理などに使われる箸は、料理を出す前に、サッと水に通すのが正式です。

器と箸の取り方

1 まず、器を両手で取り上げます。

2 器から右手を離して左手で持ち、右手で箸を取り上げます。

3 器を持っている左手の薬指と小指の間で、箸を受けます。

4 右手を箸に沿って右方向にすべらせます。

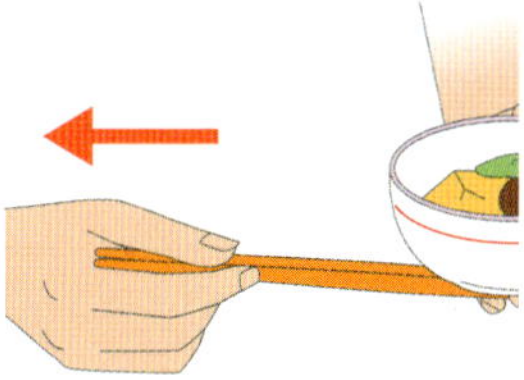

5 右手を箸に沿って下に回します。

6 右手で箸を正しく持ってから、左手の指を離します。

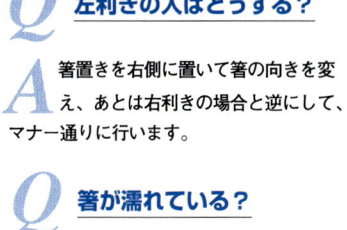

割り箸の場合

割り箸は、できるだけ静かに割るのがマナーです。また、割れにくいものや思った以上に割れやすいものがあるので、卓上で割るのは粗相のもとです。

●割り方●

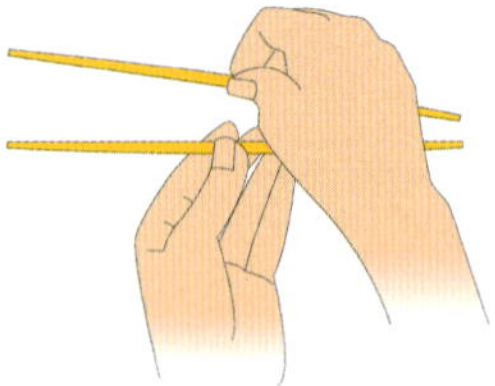

箸を横に持ち、上下に開くように、静かに割ります。ひざの上あたりで割るようにしましょう。

××××NG××××

縦に割る

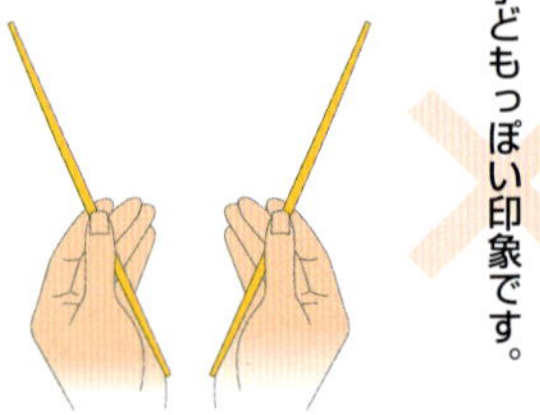

箸を縦に持ち、卓上で左右にパッチンと割るのは、粗野で子どもっぽい印象です。

木くずをこすって取る

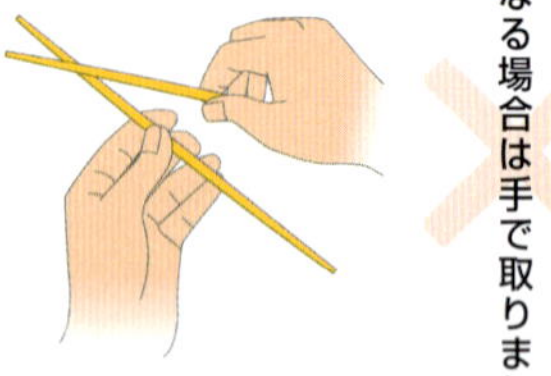

割り箸の木くずを、箸同士をこすり合わせて取るのはＮＧ。気になる場合は手で取りましょう。

いろいろな箸の扱い方

箸袋に入っていたり、割り箸だったりと、箸にもいろいろな種類があります。

箸袋に入っている場合

箸袋入りで箸置きがある場合、箸袋は卓上のじゃまにならないところに置いておきます。箸置きがない場合は折って、箸置き代わりに使いましょう。

●結び文に折る●

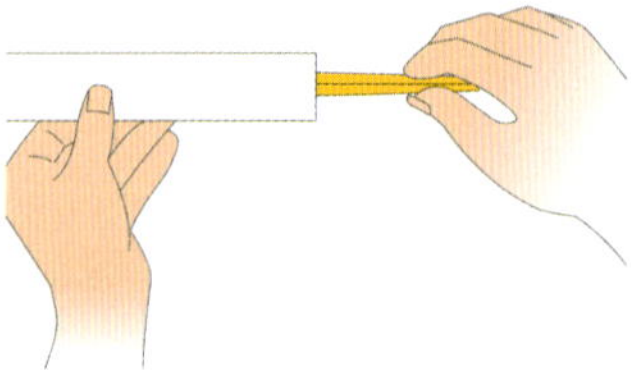

1 右手で箸の上部を持ち、左手を箸袋の下に添えて取り上げ、箸を引き抜きます。

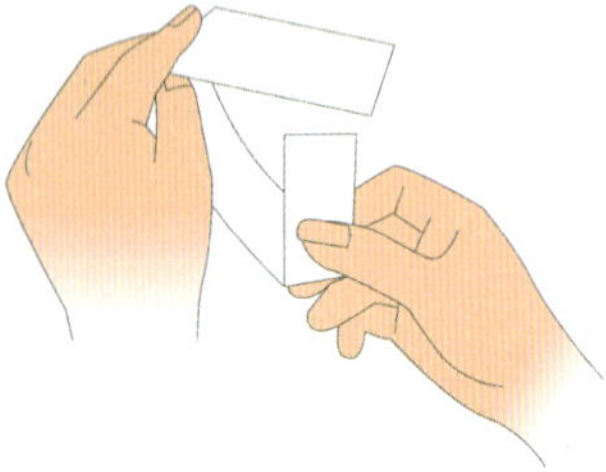

2 箸を卓上に置き、箸袋の左側を斜めに折り、右端を手前に持ってきます。

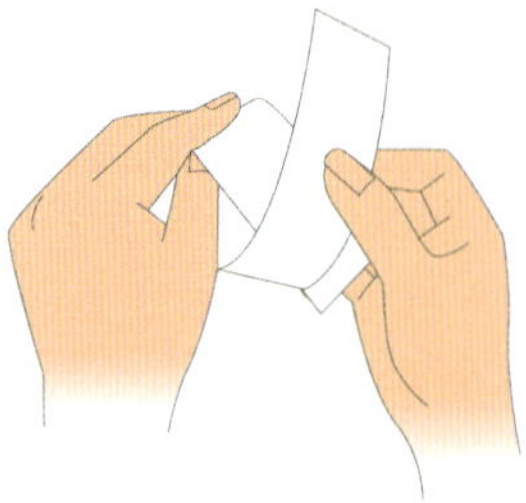

3 箸袋の右端を手前から左端にかけて、輪をくぐらせます。

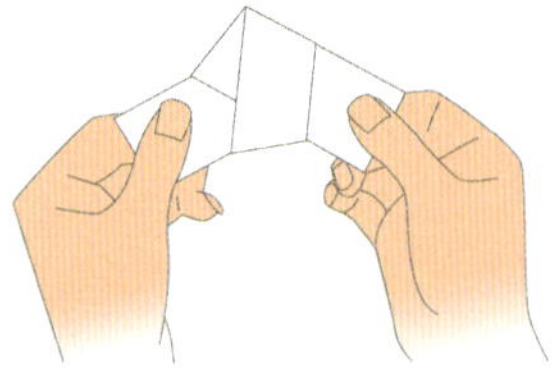

4 きちんと結んでたたみ、結び文にします。千代結びともいいます。

●山形に折る●

結び文ができない人は、山形折りでもＯＫです。箸袋を２つ折りにし、それを横に２つに折って立てます。

●折敷の縁にかける●

折敷で出る場合は、箸置きがないことがあります。箸を置くときは、箸先を折敷の左縁にかけます。

××××NG××××

箸を器に渡す

これは「渡し箸」といって箸のタブーのひとつです。

器の縁にかける

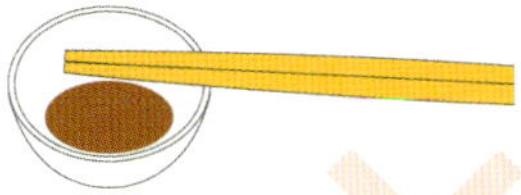

箸先を小皿などの縁にかけるのもNGです。

箸の置き方

食事中、箸を使わないときは、必ず箸置きに置いておきます。ずっと持ちっぱなしでいたり、テーブルに直接置かないようにします。

●箸置きに置く●

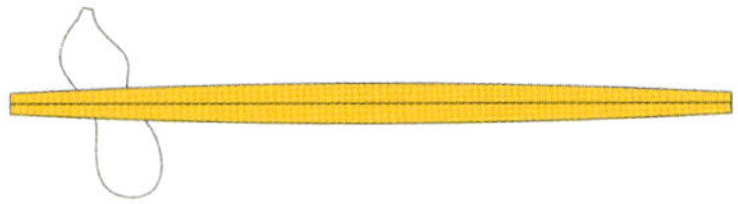

会席料理では、たいがい箸置きが出るので、箸先がテーブルにつかないよう、箸置きにかけて置きます。

●箸袋を使う●

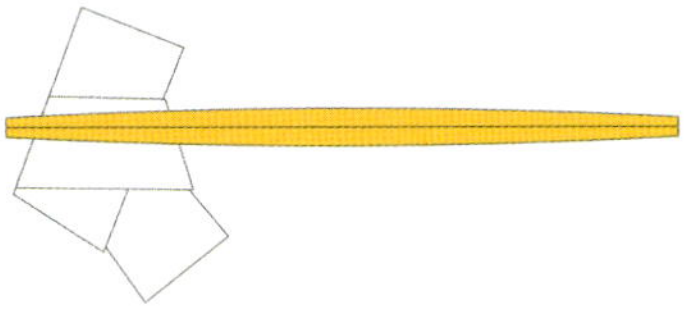

箸置きがない場合は、箸袋を折って箸置き代わりにします。箸先を袋の上にのせます。

巻き紙で留めてある場合

利休箸（両端が細くなっている箸）の場合、真ん中を巻き紙で留めてあることがあります。箸を取り上げて、はずします。

●巻き紙のはずし方●

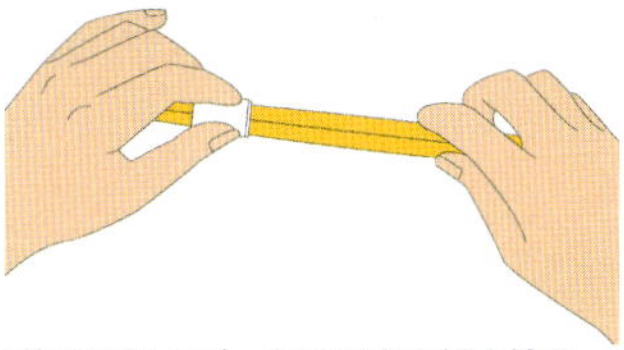

右手で箸を取り上げ、左手で巻き紙を持ち、左方向にすべらせてはずします。割り箸の場合は、そのあと割ります。

××××NG××××

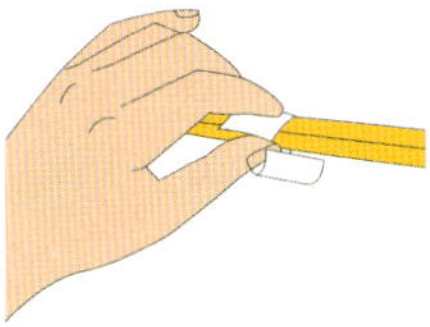

巻き紙を破って取るのはNGです。巻き紙が硬くてすべらない場合には、静かに破って取ってもいいでしょう。

●折敷にかける●

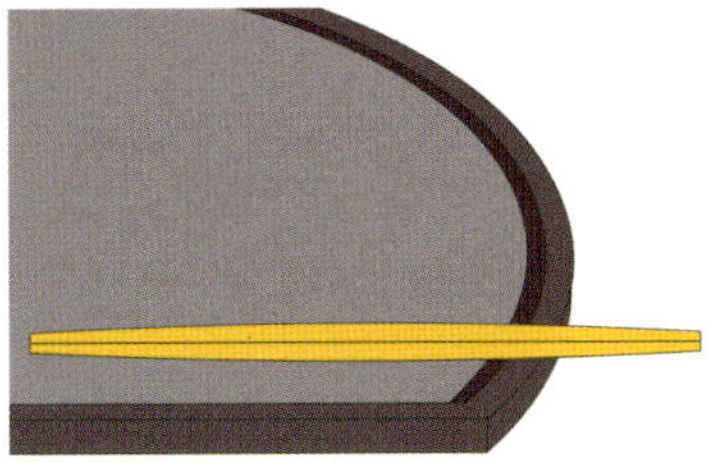

箸を右縁にかけます。その場合、汚れた箸先が折敷につくので、箸先を懐紙で包んでおくと親切です。

●箸袋に入れる●

箸袋を結び文にしたときは、その中に箸先を入れます。

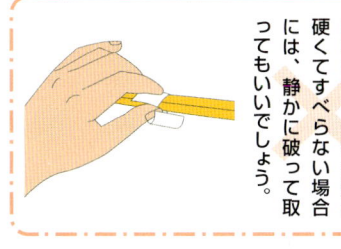

箸袋があれば箸先を入れ、袋の先を下側に折って「使用済み」を表します。最初から折ってある箸袋は、箸先を入れるだけにします。

食事が終わったら

使い終わった箸はきれいにそろえて、箸置きに置き、おいしかった食事に対する感謝の気持ちを表します。

箸置きがない場合は、左記のようにします。

NG集

見苦しい箸使いのほか、縁起をかついでタブーとされているものもあります。人が不快に思うことは慎みましょう。

握り箸

箸を指で握ったまま器を持つこと。器を持つときは、必ず箸を置いて、両手で持ちます。

寄せ箸

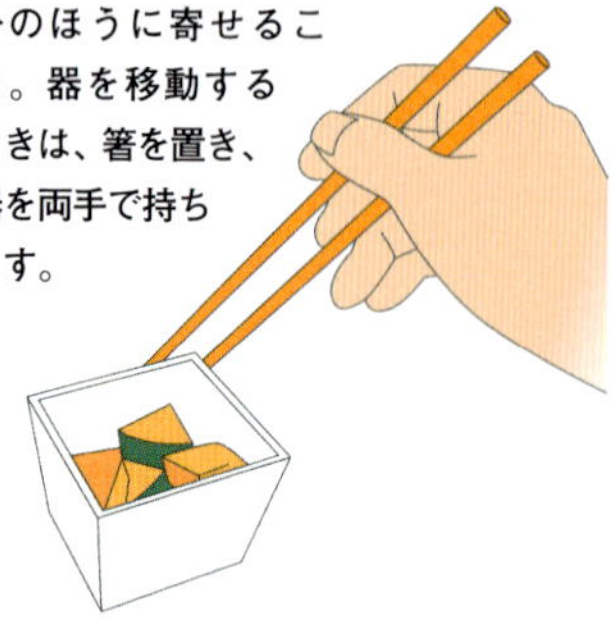

卓上にある器を箸先で自分のほうに寄せること。器を移動するときは、箸を置き、器を両手で持ちます。

拾い箸

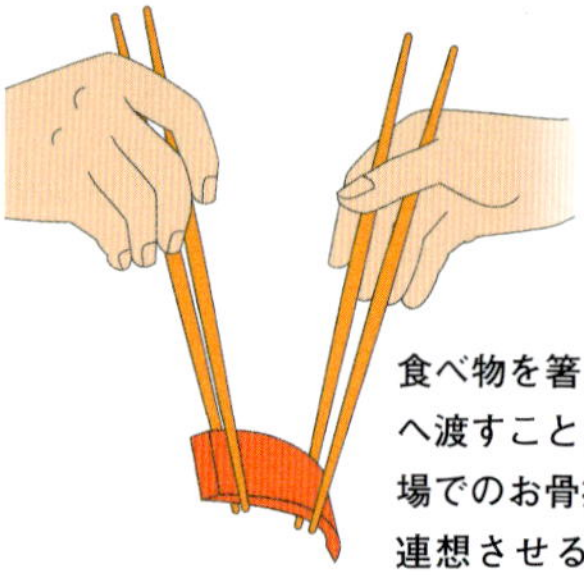

食べ物を箸から箸へ渡すこと。火葬場でのお骨拾いを連想させるので、絶対タブーとされています。

移り箸

箸をつけたものを食べずに、ほかの料理を取ること。一度箸をつけたものは必ず食べるようにします。

押しつけ箸

ご飯を食べる前に、茶碗の中のご飯を箸で押しつけて固めること。

突き立て箸

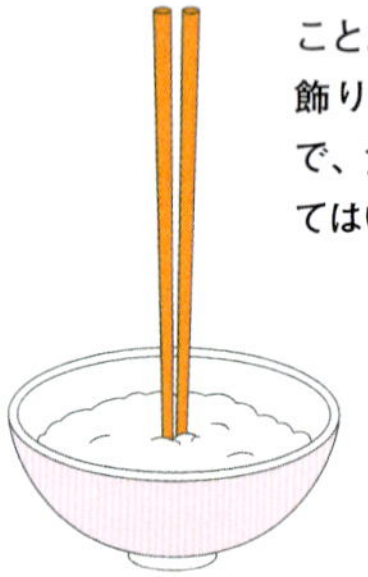

ご飯に箸を突き立てること。これは死者の枕飾りのしきたりなので、食事の席で絶対してはいけません。

重ね箸

同じ料理や同じものばかりを食べ続けること。料理はバランスよく食べるようにしましょう。

迷い箸

何を食べようか、箸をあちこちに移動すること。

渡し箸

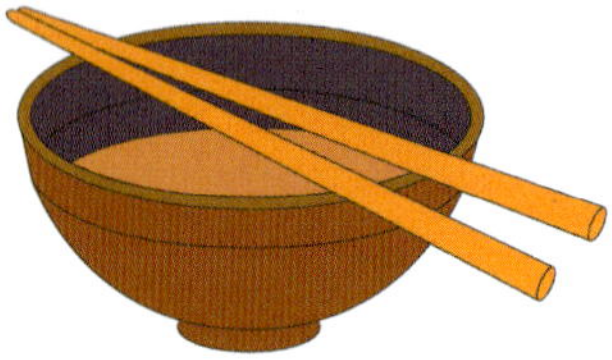

器の上に箸を渡して置くこと。食事中に箸を休めるときは、必ず箸置きなどを使います。

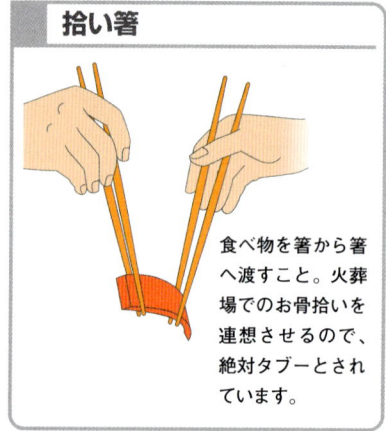

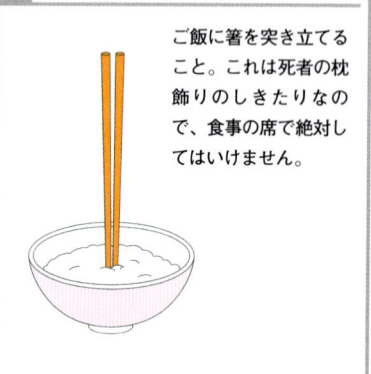

箸の使い方

押し込み箸

食べ物をほおばりすぎて、箸で押し込んでいること。押し込むのも、ほおばるのもマナー違反です。

涙箸

食べ物から汁がポタポタたれたまま、口まで運ぶこと。ある程度汁気をきり、器か懐紙で受けていただきます。

刺し箸

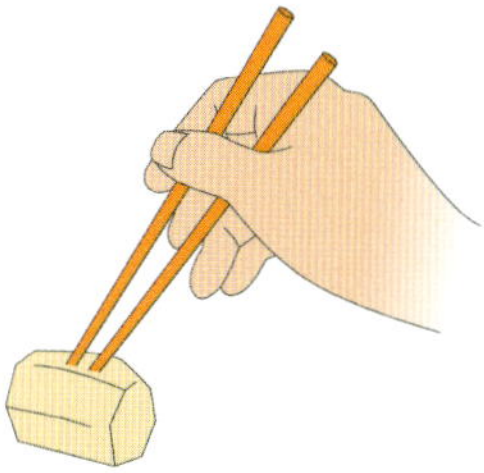

食べ物に箸を突き刺して取ること。箸できちんとはさんで取れるよう日ごろから練習を。

指し箸

箸で人を指すこと。大変な失礼にあたるので、絶対してはいけません。

もぎ箸

箸についた料理を口でもぎ取ること。箸の汚れが気になったら、懐紙で拭きましょう。

さぐり箸

料理を下のほうから取り出そうとすること。料理は盛りつけをなるべく崩さないように取っていきます。

振り上げ箸

話をしながら、箸を振り回すこと。話が長くなるときは、箸を置きます。

ねぶり箸

食べているわけではないのに、箸先を口の中に入れていること。

回し箸

汁物の中をぐるぐるかき回すこと。みそが沈んでいるときなどは、サッと１回混ぜるだけにします。

器の扱い方

日本料理では、箸同様、器もていねいに両手で取り扱うのがマナーです。また、器は持って食べるのが基本です。持つ器・持たない器の違いや持ち方など、器に関する決まりごとを覚えておきましょう。

持てる器は持つ

日本料理の作法では、左手に器を持ち、右手に箸を持って食べるのが基本です。西洋や中国のマナーでは、器を置いたまま食べるのが基本ですから、間違えないように注意しましょう。

●持ってよい器●

小皿、小鉢

刺身のしょうゆ皿や天ぷらのつゆの小鉢はもちろん、前菜や煮物の器など、小さいものは持つのが基本です。

丼、小さいお重

丼や小さいお重なども持てるものは持ちましょう。ただし、熱かったり重かったりと無理なものは置いて食べます。

飯椀、汁椀

ご飯と汁物の椀は、必ず持って食べます。汁物の椀が漆や木でできているのは、熱を伝えにくくするためです。

●持たない器●

盛り合わせの皿、平皿

刺身や天ぷらなどを盛り合わせた皿、焼き魚のように平皿に盛られたものは持ちません。

大きい椀、お重

煮物の大きい椀や数人盛りの大鉢、大きめのお重などは持ちません。麺類の丼も無理して持たなくてＯＫです。

●持たずに食べるときは●

左手を椀に添え、背すじを伸ばして食べましょう。前かがみの犬食いにならないように注意。

!! 日本料理の器について

日本料理で使われる器は、磁器、陶器、漆器、木製、ガラスと素材がいろいろで、形や色、柄、サイズなども実にバラエティに富んでいます。器と料理との調和を考えるのも料理人の技のうちですから、器や盛りつけを鑑賞しましょう。

器の持ち方

器は両手で取り上げるのが基本です。器の中には非常に繊細なものや傷つきやすいもの、高価なものなどがありますから、両手でていねいに扱うことを心がけましょう。

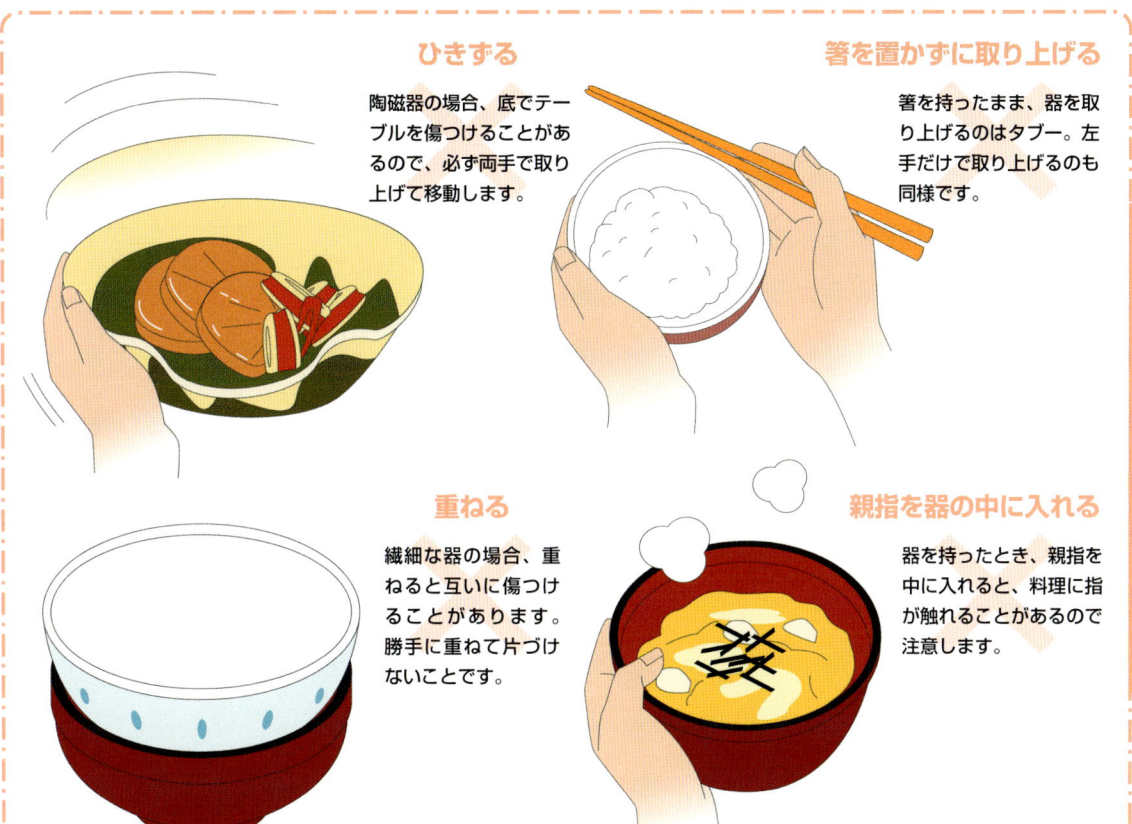

食事の途中で器を取り上げるときは、必ず箸を置いてから、両手で取り上げます。そのあと右手を離し、左手でしっかり持ってから、箸を取り上げます。

●持ち方●

1

器を両手で取り上げ、胸のあたりに持ってきます。

2

右手を離して、左手でしっかりと持ちます。

NG

ひきずる

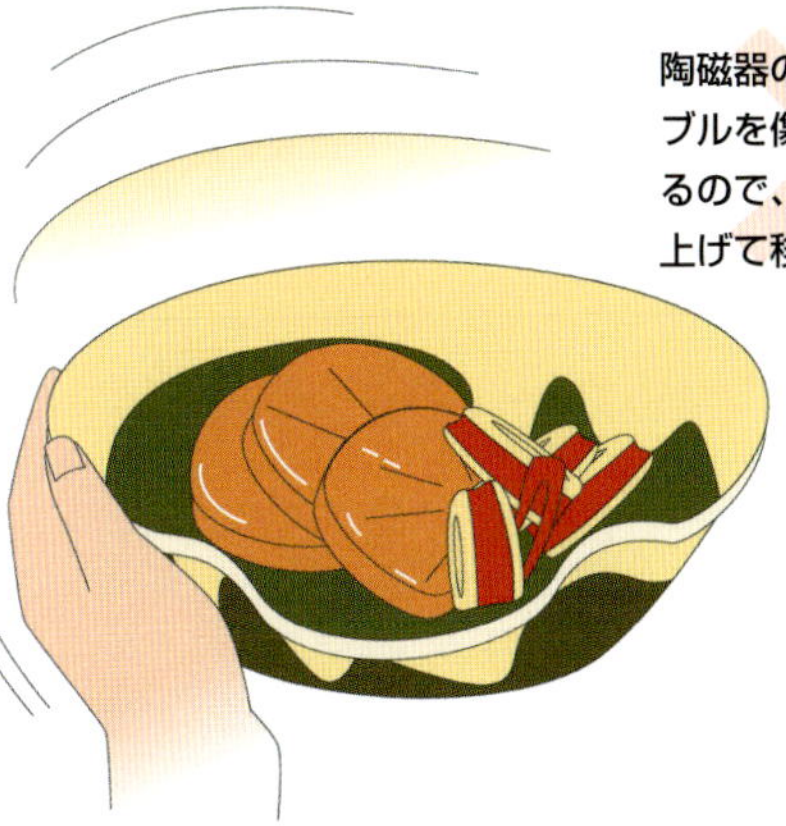

陶磁器の場合、底でテーブルを傷つけることがあるので、必ず両手で取り上げて移動します。

箸を置かずに取り上げる

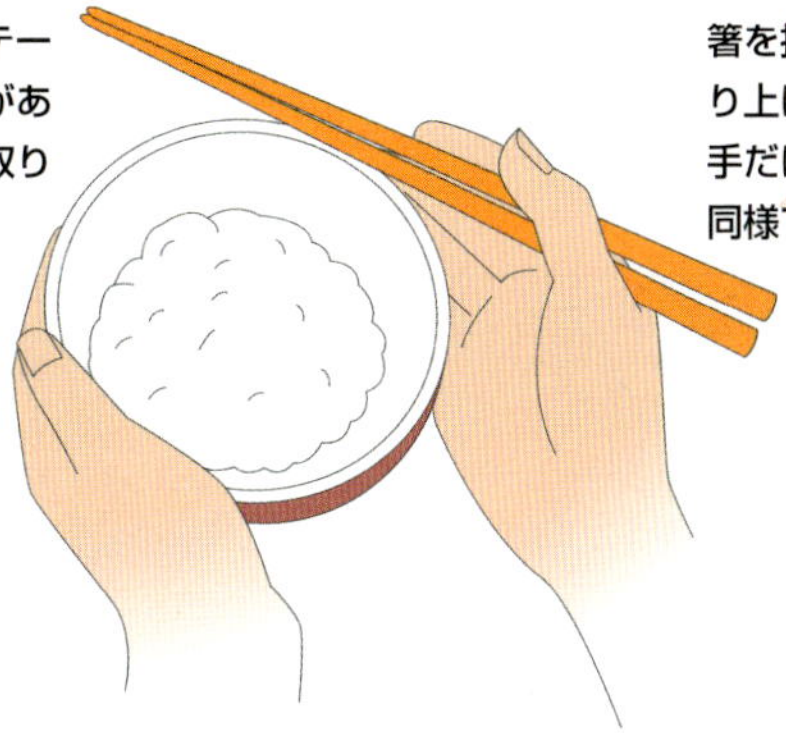

箸を持ったまま、器を取り上げるのはタブー。左手だけで取り上げるのも同様です。

重ねる

繊細な器の場合、重ねると互いに傷つけることがあります。勝手に重ねて片づけないことです。

親指を器の中に入れる

器を持ったとき、親指を中に入れると、料理に指が触れることがあるので注意します。

日本料理の種類

日本料理には大きく分けて会席《かいせき》料理と懐石《かいせき》料理があり、そばや寿司など専門店の料理もあります。どんなお店に行っても困らないように、料理の種類や食べ方を覚えておきましょう。

日本料理の種類

改まった席や宴席での代表的な料理が「会席料理」です。お酒を楽しむための食事で品数が多く、最後にご飯と止め椀（みそ汁）が出ます。

「懐石料理」は、正しくは「茶懐石料理」といい、茶道とともに発達した料理です。本来は、お茶席で出されるものですが、現代風にアレンジされたものを供するお店もあります。

料理の出され方

会席料理は一品ずつ出される場合と、旅館のように最初から料理が並べられており、あとからご飯や止め椀、デザートなどが出る場合があります。

茶席で出る懐石料理は一品ずつ供されますが、レストランでの場合は両方のケースがあります。

日本料理の特徴

日本料理は、海のものと山のものとがバランスよく使われ、四季折々の旬の素材が取り入れられています。とくに、旬のはしりのものを、いち早く取り入れることがよしとされています。また、少量ずつ品数が多いのも特徴で、味つけや調理法などにも多彩な工夫が凝らされています。その季節の味わいや盛りつけなどを楽しみましょう。

和食のルーツ「本膳《ほんぜん》料理」

最も古くて格調の高い料理が本膳料理で、冠婚葬祭などの儀式に古くから使われてきました。料理が並べられた脚付きの膳が５膳出るのが最高級とされています。この本膳料理を簡略にしたものが、会席料理で、懐石料理の様式にも影響を与えています。

料理が全部一緒に並べられている場合も、なるべく献立の順番に沿って食べるのがスマートです。

あしらいにも季節の花や葉が使われ、季節の風情を料理で表しています。

懐石料理の献立例

お茶席で供される献立例です。

1 ご飯・椀・向付《むこうづけ》

少量のご飯とみそ汁、向付（一般的には刺身）が出ます。

2 椀盛り

季節の煮物で、メインディッシュにあたります。

3 焼き物

魚介を焼いたもの。

4 強肴《しいざかな》

炊き合わせや和え物などが1～2品出ます。

5 箸洗い

箸を清めるという意味の小さい吸い物。

6 八寸《はっすん》

海のもの、山のものを盛った酒の肴。

7 湯桶《ゆとう》・香の物

ご飯をお湯漬けにしていただきます。

8 主菓子・抹茶

季節感のある生菓子と濃茶が出ます。

専門店の日本料理

寿司、天ぷら、そば、うなぎは江戸時代から伝わる、日本の伝統的な料理です。一品料理のほか、天ぷら会席のように、会席料理にアレンジされているものもあります。また、寿司や天ぷらなどは、会席料理の一品として出されることもよくあります。

会席料理の献立例

西洋料理のフルコースにあたる献立例です。

1 先付《さきづけ》

お通し、突き出しなどとも呼ばれる前菜のこと。

2 吸い物

季節の味や香りを楽しむ、すまし仕立ての汁物。

3 刺身

2～3種類の刺身の盛り合わせ。お造りとも呼ばれます。

4 煮物

野菜や魚介の煮物の盛り合わせ。炊き合わせとも呼ばれます。

5 焼き物

尾頭付きの魚や切り身の魚など、季節の魚介類を焼いたもの。

6 揚げ物

天ぷらの盛り合わせが一般的。ほかに唐揚げなど。

7 蒸し物

茶碗蒸しが一般的。ほかに、かぶら蒸しなど。

8 酢の物

海藻や野菜の酢の物など。和え物もあります。

9 ご飯・止め椀・香の物

止め椀はみそ汁、香の物は漬け物のこと。

10 水菓子

季節の果物やシャーベットなど。

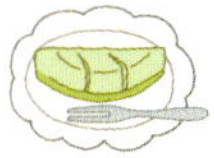

11 菓子・お茶

まんじゅうなどのお菓子とお茶が出ます。

会席料理の流れと食べ方

会席料理のメニューの流れを把握し、それぞれの食べ方をマスターしましょう。会席料理はお酒も一緒に楽しむ料理ですから、堅苦しくなりすぎず、なごやかな雰囲気で食べるよう心がけましょう。

先付

季節の味覚や珍味を少しずつ盛り合わせたもので、器や盛りつけにも趣向が凝らされています。美しい盛りつけをなるべく崩さないように気をつけて、ゆっくりといただきましょう。

ゆっくり味わう

先付はひと口で食べられるような小さい料理が盛られていますが、空腹だからといってパクパクたいらげてしまうのは恥ずかしいものです。

貝が殻からはずれないとき

左手で殻を押さえて箸でつまみます。さざえのような巻き貝には楊枝がついているので、身を刺して取り出します。

●大きいものは箸で切る●

先付にはひと口で食べられるものも多いですが、大きいものは箸で切っていただきます。

×××NG×××

大きいまま歯でかみ切るのはマナー違反です。どうしても箸で切れないものは、懐紙で口元を隠しながらかみ切りましょう。

●串物は串をはずす●

小さい串物は先付によく出されます。左手で串を持ち、箸で料理を全部はずし、そのあと箸でつまんで食べます。

×××NG×××

会席料理の場合、串を持って、そのまま食べるのは上品とはいえません。

●小鉢は持って食べる●

先付には、小皿や小鉢に盛られた料理が添えられていることがよくあります。小さいものは器ごと持って食べましょう。

●食べ終わったら●

あしらいや串などを散らかしっぱなしにせず、器の隅にひとまとめにしておきます。懐紙をかぶせて隠すとなおいいでしょう。

吸い物

季節の魚介や野菜が使われた、すまし仕立ての汁物です。だしのうまみと季節の香りを味わいましょう。器には漆器や塗りの椀が使われることが多いので、傷つけないよう、ていねいに扱います。

ふたが開かない場合は

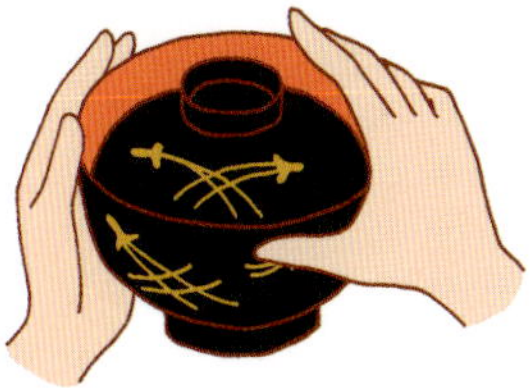

左手で椀をしっかりと支え、右手で椀の縁をはさみつけ、椀とふたの間に空気を入れると開きます。

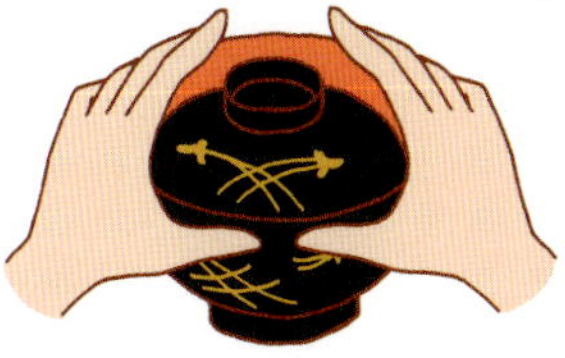

それでも開かないときは、両手で椀の縁をはさみますが、無理をせず、お店の人に頼んでもいいでしょう。

ふたを取る

1

左手を器に添え、右手の親指と人差し指でふたをつまんで開けます。

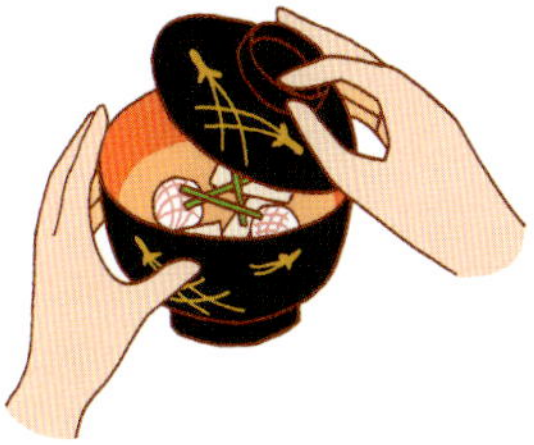

2

器の上で、ふたを縦にして内側の水滴を落とし、左手を添えます。

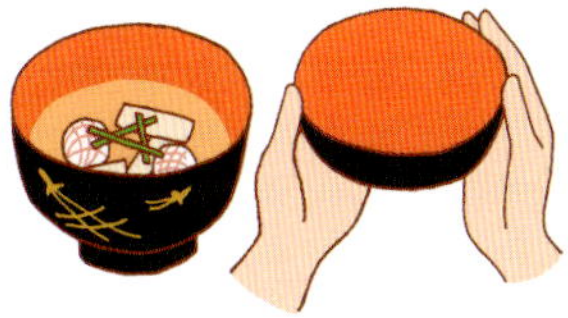

3

ふたを両手で持って、器の右側に、内側を上向きにして置きます。

食べ方

1

器を両手で取り上げ、器に施されている絵や椀の中を鑑賞します。

2

まず、汁をひと口味わいます。香りも一緒に味わいます。

3

箸を取り上げて具を食べます。あとは自由にいただきましょう。

食べ終わったら

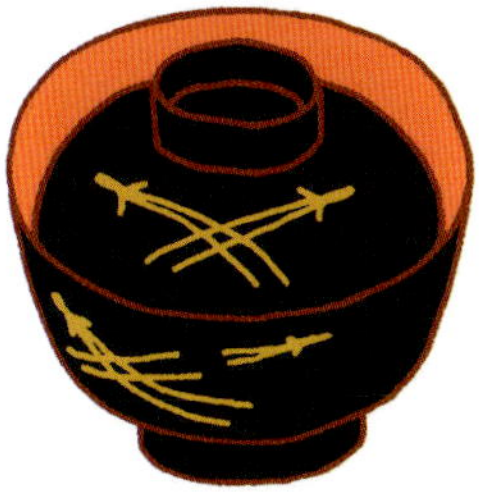

ふたを開けたときの反対の動作で、ふたを元に戻します。

××××NG××××

ふたを裏返して椀にのせるのが食べ終わりのサインだという説もありますが、これはNGです。器を傷つけることがあるので、絶対にやめましょう。

会席料理の流れと食べ方2

刺身、煮物、焼き物は、会席料理のコースに必ず組み込まれている3品です。

刺身

会席料理のメインディッシュのひとつです。赤身の魚、白身の魚、いかやえび、貝類など、2~3種類の魚介が美しく盛られています。わさびを適宜のせて食べましょう。つまは彩りを添えるだけでなく、魚介の臭みを消して、風味を添える役目があります。

●つまを食べる●

青じそや大根などのつまは、刺身と一緒に適宜食べます。青じそは刺身を包んで食べるといいでしょう。

●舟盛りの場合●

宴席では、刺身が舟盛りや大皿で出てくることがあります。盛りつけを崩さず、全員に行きわたるよう配慮して取り分けます。取り箸がない場合は、ほかの刺身に箸が触れないよう気をつけます。箸を逆さにして取り分けるのは、あまり美しくないのでしないほうがいいでしょう。

食べ方

1

花穂じそがついている場合は、左手で持ち、箸でしごくようにして、花穂をしょうゆ皿に落とします。

2

しょうゆ皿を持って箸を取り上げ、わさびを適量取って、刺身の上にのせます。

3

刺身をしょうゆにつけます。わさびをしょうゆにつけないように注意。

4

しょうゆ皿で受けながら食べます。しょうゆ皿を持たずに、懐紙で受けてもいいでしょう。

×××NG×××

わさびをしょうゆに溶くのは×。本わさびの場合はとくに、せっかくの香りや辛味が飛んでしまいます。わさびを味わうのも料理のうちです。

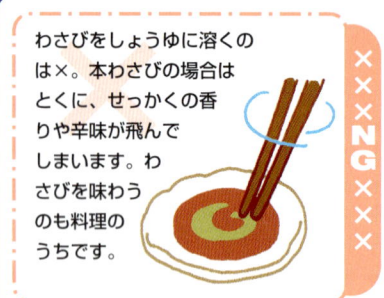

煮物

ふた付きの椀で出された場合、ふたの扱いは吸い物と同様にします。汁気が多い煮物のときは、ふたの裏や懐紙で受けて食べます。両手で椀を持ち、汁を飲んでもかまいません。

小さく切る

ひと口で食べられないものは、箸で切って食べます。小さい器の場合は持って食べましょう。

××××NG××××

里いもなど、箸でつかみにくいものもありますが、箸で突き刺すのはタブーです。日ごろから箸使いの練習をしておきましょう。

焼き物

切り身魚の焼き物が一般的で、塩焼き、照り焼き、西京焼きなどが出ます。ひと口ずつ箸で切って食べましょう。鯛の尾頭付きや鮎の塩焼きのように、丸ごと1尾が出る場合もあります（40ページ参照）。

食べ方

1

はじかみ（しょうがの甘酢漬け）や松の葉などのあしらいをはずします。

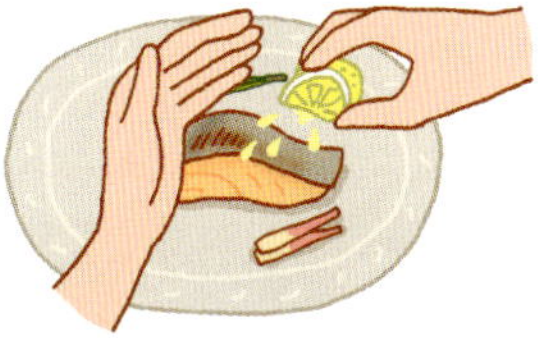

2

レモンが添えられている場合は、好みで絞ります。左手で覆って汁が飛ばないよう気をつけましょう。

3

箸で左端から、ひと口大に切って食べます。最初に全部切ってしまわないこと。

4

はじかみは魚の生臭さを消すものなので、最後に食べます。

××××NG××××

皮まで火を通してあるので残さず食べましょう。苦手な場合は、あしらいなどと一緒に器の隅にまとめるか、懐紙で隠します。

大根おろしがある場合

さばなどの青魚の場合、臭み消しとして大根おろしが添えられていることがあります。ひと口大に切った魚に適宜のせて食べます。

会席料理の流れと食べ方3

揚げ物、蒸し物、酢の物は、コースによっては適宜省略されることもあります。

揚げ物

揚げ物は、天ぷらの盛り合わせが出るのが一般的です。天つゆのほかに、塩が添えられていることがあります。好きなほうを自由につけて食べましょう。また、えびやきすの尾は残すものだと思っている人がいますが、そんなことはありません。尾までカラリと揚がっているので食べましょう。

食べ方

1

大根おろしの器を持ち、箸で天つゆの中に静かに入れ、サッとかき混ぜます。

2

天つゆの器を持って、天ぷらを取り、天つゆをサッとくぐらせます。

3

器で受けながら食べます。天ぷらはサクサクした食感が大事なので、つゆに浸したままにしないこと。

××××NG××××

下から引っ張り出して、盛りつけを崩さないこと。天ぷらはきれいに重ねて盛られているので、手前や上のものから取ります。

●大きいものは切る●

大きいものは箸でひと口大に切り、そのつど天つゆをつけて食べます。

箸で切れないものは

えびやれんこんなど箸で切れないものは、歯でかみ切って食べます。そのとき懐紙で口元を隠すと上品です。

懐紙を持っていない場合は、左手でそっと覆って食べましょう。

××NG××

大きいものを隠さずに、そのまま歯でかみ切って食べるのはNGです。

蒸し物

蒸し物の代表的なメニューが、茶碗蒸しです。かためのものや汁気の多いやわらかいものまで、お店によっていろいろです。スプーンがついてくるので、すくって食べましょう。器がとても熱い場合があるので、扱いに気をつけます。

酢の物

料理の最後に出る酢の物は、口の中をサッパリさせる効果があります。酢みそ和えなどの和え物も同様です。食前の酢の物は食欲を促す効果があるので、前菜に小さい酢の物が添えられることもあります。

食べ方

1 左手を敷き皿に添えて右手でふたを取り、器の上で水滴を落とします。左手を添えて裏返します。器の右側に置きます。

2 器が熱くないときは両手で取り上げ、左手で持ちます。

3 スプーンを取り、すくって食べます。金属製のスプーンの場合は、カチャカチャ音を立てないように注意。

●器が熱いときは●

ふたを取り、左手を敷き皿に添えて、置いたまま食べます。汁気が多いときは、懐紙で受けましょう。

器の扱いに注意

触るとやけどをするぐらい熱い場合があるので、不用意に触らないこと。ふたを取るときも注意します。

●器を持って食べる●

酢の物は小さい器で出されるので、まず器を両手で取って左手で持ち、次に箸を取り上げて食べます。

●箸でつまめないものは●

じゅんさいやもずくなどヌルヌルして箸でつまめないものは、器に口をつけて食べます。音を立ててすすらないよう注意。

会席料理の流れと食べ方4

会席料理では、料理のあとに、ご飯や止め椀が出ます。そのあとデザートが出ます。

ご飯・止め椀・香の物

会席料理はお酒を楽しむための料理なので、最後にご飯と止め椀（みそ汁）、香の物（漬け物）が出ます。これらがテーブルまで運ばれたらお酒をやめて、温かいうちに食べましょう。ご飯は、炊き込みご飯や寿司の場合もあります（寿司の食べ方は42ページ参照）。

食べ方

1 汁椀に左手を添えて右手でふたを取り、椀の上で水滴を落とし、右手を添えて折敷の右側に置きます。

2 飯椀のふたも同様にして取り、飯椀の左側へ置きます（スペースがないときは汁椀のふたと並べます）。

3 汁椀を取り上げ、みそが沈んでいたら箸でサッと混ぜ、箸で具を押さえながら汁をひと口飲みます。

4 次に、汁の具をひと口食べます。汁物から箸をつけると箸先が濡れて、ご飯がつきにくくなります。

5 飯椀を取り上げて、ご飯をひと口食べます。あとは自由に食べましょう。香の物も適宜食べます。

6 食べ終わったら、飯椀と汁椀のふたを元に戻します。箸は箸置きにそろえて置きます。

××××NG××××

みそ汁の具が貝の場合は、身を箸でつまんで食べます。貝殻を口に入れないこと。また、貝殻をふたなどに出すのもタブー。椀の中に入れたままにします。

香の物をまとめて取って、ご飯にのせながら食べるのは上品ではありません。ひと切れずつ取って食べましょう。

お代わりをするときは

お店の人に「お代わりをどうぞ」と言われたら、お代わりができます。飯椀を両手で持って渡しましょう。

××××NG××××

お代わりの飯椀を受け取ったら、一度テーブルに置き、改めて取り上げて食べます。受け取ったまま食べるのは「受け食い」といってタブーです。

水菓子（果物）

水菓子は果物のことです。たいがいは食べやすく切ってあるので、添えられている楊枝やスプーンで食べましょう。水菓子の代わりに、シャーベットが出ることもあります。

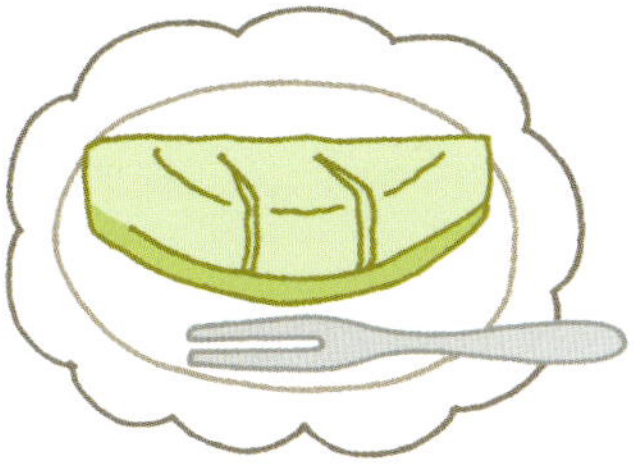

メロンの食べ方

切れ込みがない場合は、スプーンで右側から、すくって食べます。

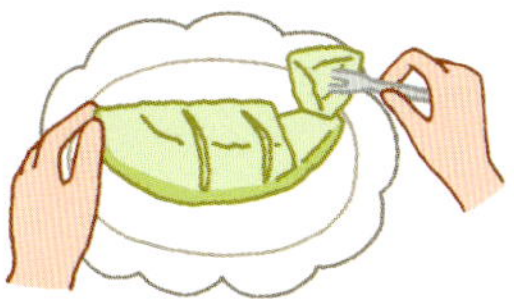

切り分けてあったり、切れ込みが入れてある場合は、楊枝で刺して、右側から食べていきます。

ぶどうの食べ方

種があるときは、懐紙で口元を隠しながら懐紙に出し、皮と一緒に包みます。

皮を少しむき、口元で実を押し出して食べます。

菓子・お茶

菓子は和菓子が一般的で、和風のくずきり、生菓子、干菓子などが出ます。西洋料理のデザートの影響でアイスクリームが出ることもあります。お茶は、煎茶《せんちゃ》や玉露《ぎょくろ》が出ます。お代わりとして、ほうじ茶や玄米茶が出ることもあります。

菓子の食べ方

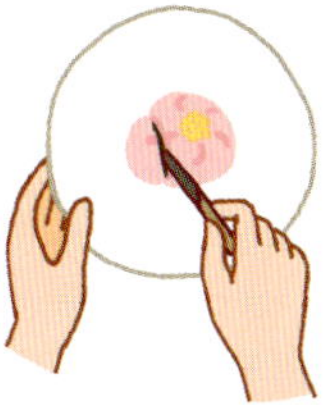

生菓子の場合は、楊枝が添えられているので、楊枝で小さく切って食べます。左手は器に添えます。

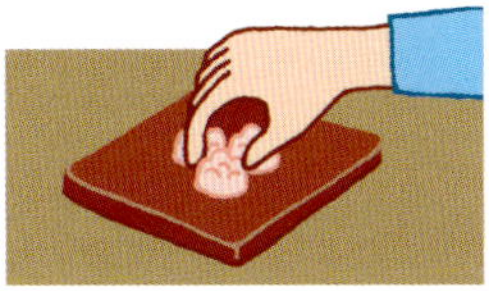

干菓子の場合は、指でひとつずつ、つまんで食べます。

お茶の飲み方

ふたを取り、両手で取り上げ、左手を底に添えて飲みます（詳しくは136ページ参照）。

お茶の種類

- 玉露 … 高級な緑茶。
- 煎茶 … 一般的な緑茶。
- ほうじ茶 … 茶葉を煎ったもので独特の香りがします。
- 玄米茶 … 茶葉の中に煎った玄米が入った香りの高いお茶です。
- 番茶 … 大衆的な緑茶。

魚の姿焼き

途中でひっくり返さずに食べます。

1

まず、上側の身から箸でひと口分ずつほぐしながら食べます。

2

鯛など身がかたいものは、懐紙で頭を押さえると取りやすくなります。

3

半身を食べ終わったら懐紙で頭を押さえ、箸で尾をはさんで骨をはずします。

4

頭と骨を向こう側に置き、下側の身を箸でひと口分ずつほぐして食べます。

××××NG××××

上側の半身を食べ終わったあと、魚ごとひっくり返して下側の身を食べるのはマナー違反なのでやめましょう。

こんな料理はどうする？

会席料理の中には、食べにくい料理が出る場合もあります。食べ方を覚えておけば困りません。

鮎の塩焼き

頭と骨をはずしてから食べます。

1

箸で鮎の背中を押して身をやわらかくしておくと、骨が抜きやすくなります。

2

懐紙で鮎の頭を押さえ、箸で背びれ、腹びれ、尾を取り除きます。

3

箸で胸びれの下を押さえ、左手で頭を静かに引っ張って骨を抜きます。

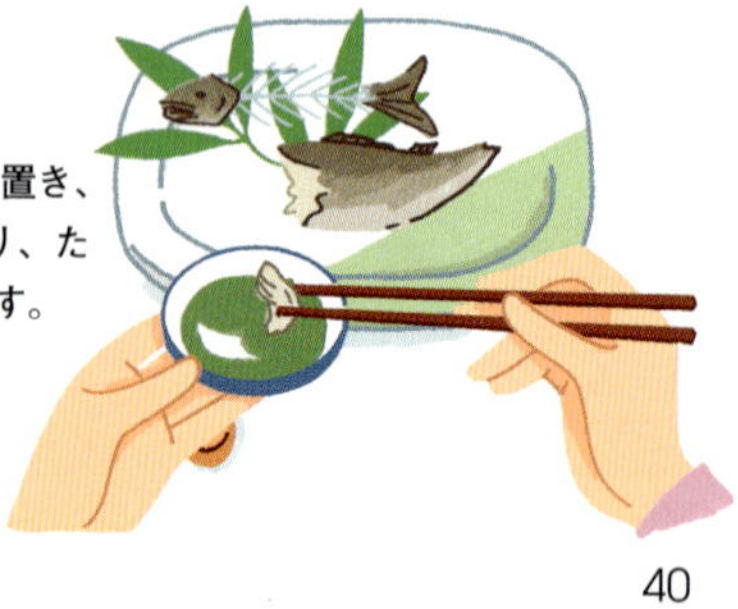

4

頭と骨を向こう側に置き、箸でひと口大に切り、たで酢をつけて食べます。

土《ど》瓶《びん》蒸し

松たけを味わう秋の代表的な料理です。

1

土瓶のふたの上にのっているすだちを取って受け皿に置き、杯を取ります。

2

杯をテーブルに置いて、土瓶のふたを開け、両手で土瓶の右側に置きます。

3

汁が飛ばないように左手で覆いながら、すだちを絞ります。

4

まず、杯に汁を注いで飲みます。注ぐときは土瓶の下に左手を添えましょう。

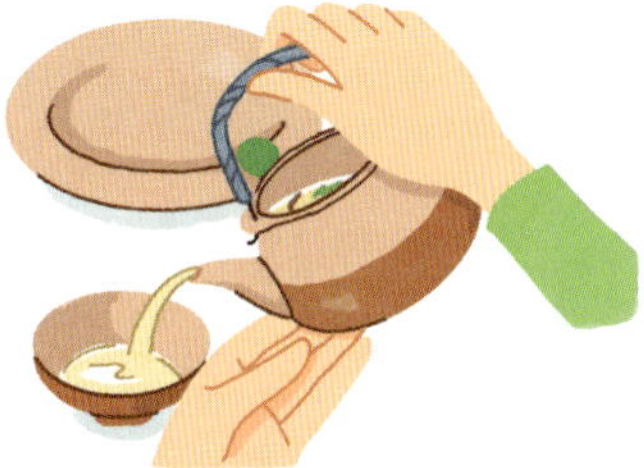

5

杯に具を取り出して食べます。適宜、汁と具を味わいます。

かにの姿盛り

専用ピックを使って身をかき出します。

1

かにの足を取り、関節のところで折ります。

2

裏側に包丁で切れ目を入れてあるので、それに添って殻を割きます。

3

専用ピックで身をかき出します。手をおしぼりや懐紙で拭いてから箸を取り、好みでたれにつけて食べます。

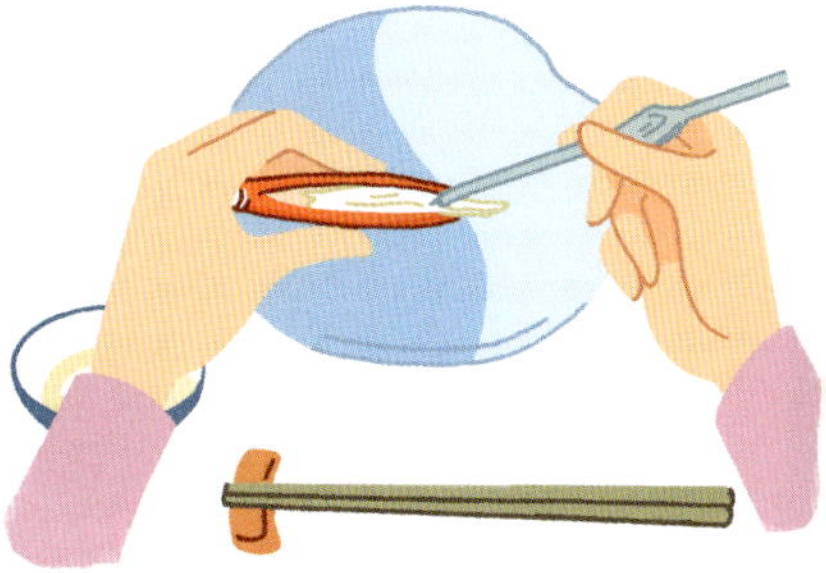

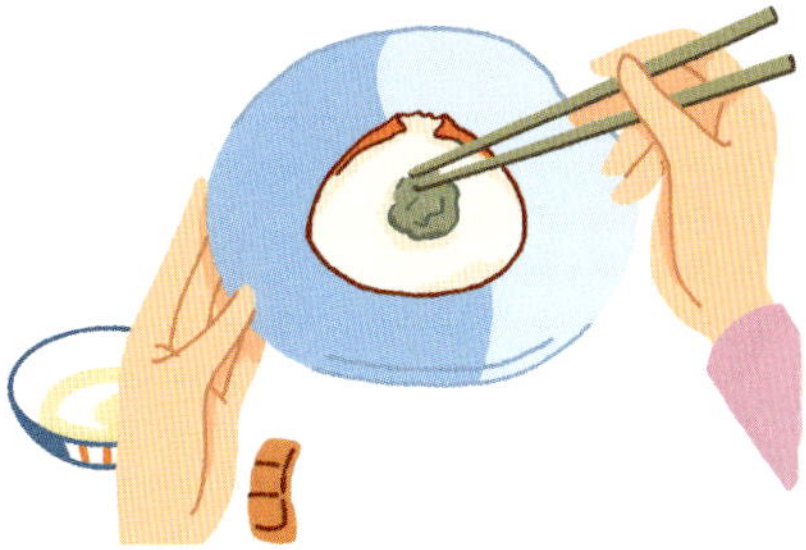

4

甲羅の中にあるかにみそは珍味です。残さずに食べましょう。

おなじみの料理の食べ方

寿司やうなぎなどは専門店で食べる場合もありますし、およばれで伺ったお宅でごちそうになることもあるでしょう。日本の伝統食を美しい作法で食べられるように、日ごろからレッスンしておきましょう。

にぎり寿司

会席料理の締めのご飯として出されることもあります。

1 しょうゆ差しを両手で取り、左手でふたを押さえて、しょうゆを注ぎます。

2 箸でにぎり寿司を横に倒し、上下からはさみます。

3 ネタを下にしてしょうゆをつけます。ご飯にしょうゆをつけると、バラバラ崩れるので気をつけます。

4 懐紙で受けながら食べます。しょうゆ皿を持って受けてもいいでしょう。

ちらし寿司の食べ方

ネタにわさびをのせ、しょうゆをつけて食べ、ご飯を食べます。

寿司屋でのマナー

知ったかぶりをしない

通は卵焼きから注文するとか、いろいろといわれていますが、知らないのに通ぶるのは恥ずかしいもの。素直に好きなものから注文したほうが好印象です。ネタがよくわかれなければ「今日のおすすめは何ですか？」と聞いてもいいでしょう。がり（しょうが甘酢漬け）、あがり（お茶）などの業界用語を使うのも避けたほうが上品です。

出されたらすぐ食べる

職人さんは、ネタやご飯の温度、握り具合などにワザを凝らしているので、出されたらすぐに食べるのがマナーです。時間がたてばネタが温まったり乾いたりしてきます。お酒や話に夢中になって放りっぱなしというのはNG。

うな重

お重で出る料理の食べ方です。

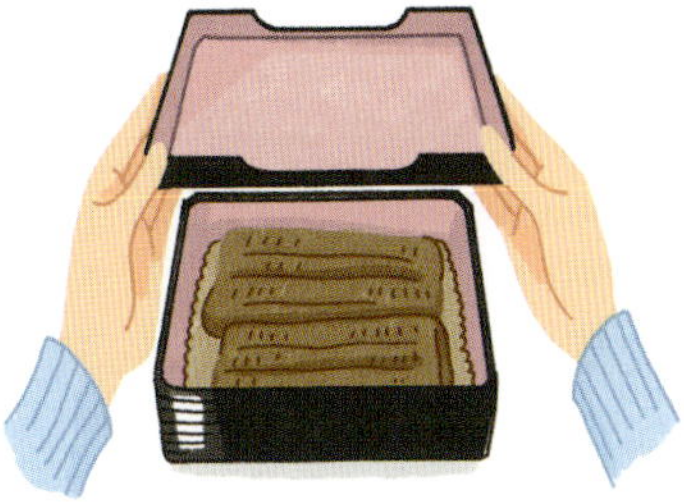

1 ふたを両手で取って裏返し、向こう側へ置きます。向こう側にスペースがなければ横に置いてもかまいません。

2 両手でお重を取り上げて左手で持ち、箸を取り上げて食べます。

●お重が持ちにくい場合●

お重が大きかったりして持ちにくい場合は、置いたまま食べてもかまいません。その場合、左手をお重に添えます。犬食いにならないように背すじを伸ばして食べます。

Q ふたを置く場所がないときは？

A テーブルが狭くてふたを置く場所がないときは、お重の下に重ねても失礼にあたりません。もしくは、畳の上に置いてもいいでしょう。

ざるそば

ひと口ですすれる量を取るのがコツ。

1 両手で器を取り上げて左手で持ち、箸でねぎやわさびなどの薬味を適量入れます。

2 ひと口ですすれる分のそばを取ります。取り過ぎたときは、戻して、もう1回取り直します。

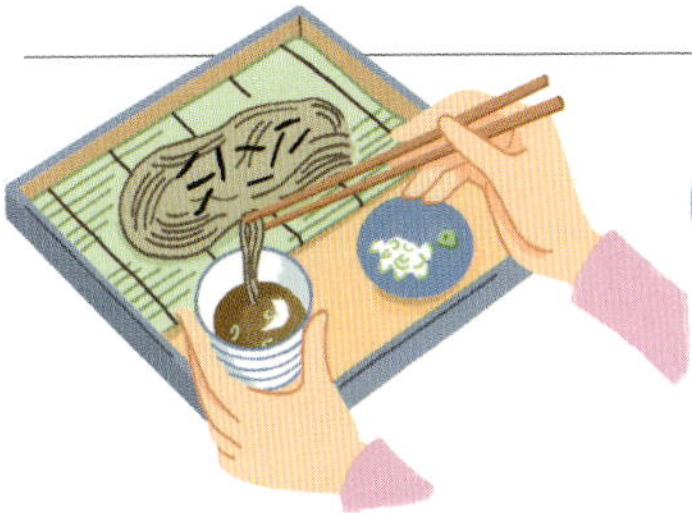

3 そばをサッとつゆにくぐらせ、ひと口ですすります。つゆをつけ過ぎないように注意。

4 食べ終わったら、湯桶からそば湯を注ぎます。器を持って飲みます。

××××NG××××

そばを取り過ぎると、ひと口ですすれません。そんなとき、歯でかみ切るのはマナー違反。ひと口で一気にすするのが粋な食べ方です。

Q そば湯って何？

A そば湯は、そばをゆでたときのゆで汁です。そばの香りが移って風味がよく、そばに含まれる栄養素が溶け出しているので、つゆの残りに注いで飲みます。

Q 音を立てて食べてもいい？

A 会席料理でそばが出たときは、なるべく静かに食べましょう。そば屋さんでは、音を立てたほうが粋といわれるくらいですから、気にせずに。

Q にぎり寿司は手で食べていい？

A 寿司屋さんでなら手で食べてもいいでしょう。その場合は、親指と中指で寿司をはさみ、人差し指でネタを押さえ、ネタにしょうゆをつけて食べます。

おなじみの料理の食べ方 2

気楽に食べられるメニューですが、改まった席では
マナーを守って食べましょう。

お茶漬け

ズズズーッとかき込まず、サラサラときれいに食べましょう。

1 器を持って箸を取り上げ、わさびを少し椀の手前で溶かします。

2 具を少しずつ崩しながら、ご飯と一緒に食べます。椀に口をつけて、サラサラと静かに食べましょう。

●底の高い器は●

椀の底が高い場合、無理に親指をかけて持つと不安定です。手のひらに底をのせて持ちましょう。茶碗が熱くて持てないときもこの方法が安心です。

××××NG××××

最初に椀の中をかき混ぜるのはNG。わさびの風味が飛んでしまうし、見た目も美しくありません。

鍋料理

大鍋をみんなでつつくときは、まわりへの気配りが大事です。

取り皿を持ち、取り箸で具を取り分けます。つゆはお玉などですくい、薬味を適宜入れて食べます。

××××NG××××

鍋から取り分けるときに、立ち上がって遠くの具を取るのは、見苦しいのでやめましょう。

好きな具ばかりを取り分けるのは禁物。とくに魚介などメインの具は、全員が食べられるように気をつけます。

!! 鍋奉行とは

鍋に具を追加したり火加減を見たりと、鍋を管理する人を「鍋奉行」といいます。名前は立派ですが、改まった席では目下の人が務めましょう。お店の人がついてくれる場合もあります。

枝豆

改まった席では食べ方に気をつけます。

××××NG××××

豆を歯でかんで押し出すのは、改まった席ではやめましょう。皮を散らかしたままにするのもＮＧです。

豆は手で持って食べますが、あらかじめ豆を半分ほど押し出しておき、それを口元へ持っていきます。

潮《うしお》汁《じる》

はまぐりの吸い物のこと。
祝いの席でよく出ます。

まず汁を飲み、身を箸でつまんで食べます。身が取れないときは、殻を左手で押さえます。

××××NG××××

身をはずした殻をふたの上やテーブルに出すのは×。椀の中に入れたまま最後まで食べます。

お弁当

会食の席でお弁当が出ることもあります。

1

ふたを両手で取り、裏返して向こう側へ置きます。スペースがない場合は、お弁当の下に重ねてもいいでしょう。

2

最初に先付にあたるものに箸をつけ、なるべく会席料理の流れに沿って食べるのがスマートです。

うどん・そば

温かい麺の食べ方です。

持てる丼は、持って食べるのが基本です。箸で、ひと口ですすれる量を取って食べます。

丼が大きい場合

丼が大きかったり熱かったりするときは、置いたまま食べます。れんげがついている場合は、麺をれんげで受けながら食べましょう。

Q&A 食事の途中で「困った！」と思っても慌てずに対処しましょう。

しびれがきれたら？

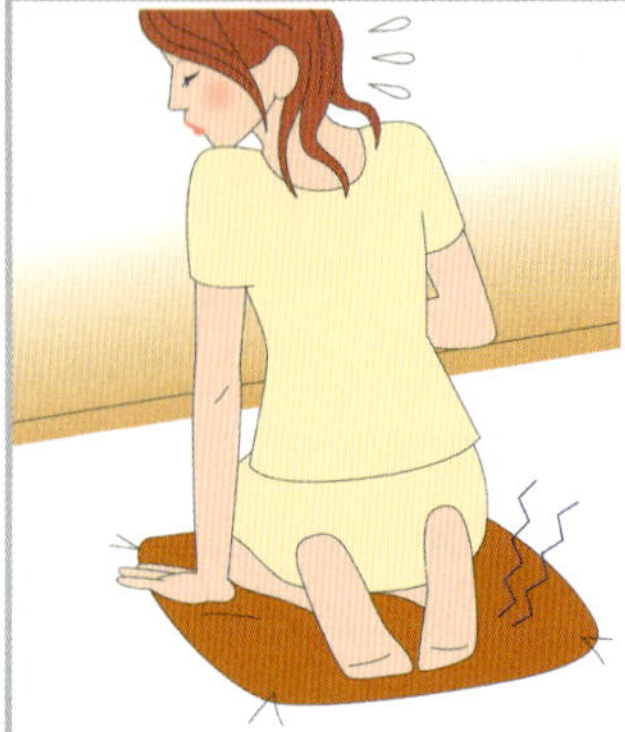

しびれがきれる前に足を崩します。長めのフレアースカートなどだと、足を隠せるので便利です。

嫌いなものが出てきたら？

手をつけずに残しましょう。中途半端に手をつけると、味がまずかったのかと勘違いされてしまうので注意。

こぼしてしまったら？

懐紙で拭くか、お店の人を呼んで台拭きを借りましょう。おしぼりは手を拭くものなので使わないこと。

次の料理が出てきたら？

慌ててかき込まなくて大丈夫。料理を食べ終えてから、新しい料理に手をつけましょう。ただし、ひとりだけ、ゆっくり過ぎるのはＮＧ。

大皿に取り箸がないときは？

自分の箸を返して使うのは、持つ部分が汚れて美しくありません。お店の人に取り箸をもらうか、もう１膳、箸をもらいましょう。

懐紙を持っていないときは？

手で受けるのは「手皿」といってタブーです。小皿や取り分け皿があれば、それを使いましょう。

こんなときどうする?

爪楊枝を使ってもいい?

基本的にはＮＧ。食後にトイレに立って使います。どうしても気になる場合は、左手で口元を隠しながら、そっと使いましょう。隠さずに使うのは恥ずかしいものです。

ご飯を先に頼んでもいい?

お酒を飲めない人はとくに、早くご飯がほしいと思うかもしれませんが、会席料理の席ではＮＧ。コースの流れに従いましょう。

席で口紅を塗り直してもいい?

食事の席での化粧直しはＮＧです。トイレに立って直しましょう。食事の席に限らず、化粧や化粧直しは人前でするものではないので注意を。

トイレに行きたくなったら?

基本的には食事中のトイレはＮＧですが、無理に我慢せず、料理と料理の合間にサッと席をはずし、なるべく早く戻ります。

器の片づけを手伝ったほうがいい?

基本的にはお店の人に任せます。遠いものを取ってあげるのはいいですが、テーブルの上を引きずらないよう注意。また、器を重ねるのは、傷つけることもあるのでやめます。

残したものは持ち帰れる?

持ち帰れる場合もありますが、最近は、お店側が食中毒を心配してＮＧのことも。おみやげがほしい場合は別に頼んだほうがいいでしょう。

食事が終わったら

食事の余韻を楽しみつつ歓談し、「飛ぶ鳥あとを濁さず」の心境で、スマートに帰りましょう。忘れ物に注意し、お店の人への感謝の言葉も忘れずに（会計のしかたは86ページ参照）。

常識的な時間に切り上げる

食事が終わったあと、お茶を飲みながら歓談するのはいいものですが、話が弾んだからといって、ダラダラと長居をするのは禁物です。お酒が入っているときや女性同士の集まりでは、つい長話になりがちなので注意。常識的な時間に切り上げましょう。

話に夢中になって時間を忘れないようにしましょう。

切り上げるタイミング

招待などの場合は、ゲストのほうから頃合いを見計らって「大変ごちそうになり、ありがとうございました」とお礼を言います。そうでない場合は、目上の人が「そろそろお開きに…」と切り出すといいでしょう。

忘れ物に注意

座布団から下りてバッグを持ったら、忘れ物がないか、周囲を見回してから立ち上がります。

お店の人にもお礼を

帰りがけにお店の人に「ごちそうさまでした」とお礼を述べましょう。本当においしかったときは「とてもおいしかったです」などと率直に伝えたほうが、お店の人の励みになります。係りの中居さんには「お世話になりました」とあいさつをしましょう。

レジで「ごちそうさまでした」とあいさつをしても。

第2章

西洋料理のマナー

レストランでナイフやフォークが並んでいるのを見ると
ドギマギしがちですが、
扱い方を覚えておけば難しいことはありません。
すてきなレディとしてエレガントに振る舞いましょう。

入店から入室まで

西洋料理のレストランでは、レディーファーストがマナーです。遠慮してモジモジしているより、堂々と振る舞ったほうがすてきです。お店の人や男性のエスコートに任せましょう。

お店に着いたら

欧米では、ドアを引くのは男性の役目です。お店の人か連れの男性がいれば、引いてくれるのを待って中に入ります。受付で名前を告げて、案内されるのを待ちます。連れの人が到着していないときは、ウェイティングルームで待つこともあります。

ドアを引いてくれたら、軽く会釈をして中に入りましょう。

クロークで

コートや厚手の上着を着ている場合は、クロークに預けます。スカーフや手袋なども、バッグに入らなければ預けましょう。食事をする席に持っていくのは貴重品の入った小さいバッグだけなので、ほかの荷物がある場合も預けます。

コートなどの脱ぎ着をサポートしてくれたら「ありがとうございます」とお礼を。

席の案内

食事をする席へは、お店の人が案内してくれるので、それに従います。カップルの場合は、女性が先に歩くよう、男性が一歩下がってエスコートを。

勝手に好きな席に着くのは×

××××NG××××

Q 席の変更はできる？

A キッチンやトイレのそばなど、気に入らない席であれば変更を申し出てもかまいません。ただし、満席などの理由で希望がかなえられないこともあります。

席次について

西洋のマナーにも席次（席の順番）があります。ダイニングルームの場合は壁側や、入り口から遠い席が上席になります。窓際の場合は、窓が見える席が上席です。個室の場合は、マントルピース（暖炉）のあるほうや入り口から遠いほうが上席になります。

女性や目上の人が優先です

招待や接待の会食の場合はゲスト、お祝いなどの場合は主役が上席に座ります。また、目上の人も上席に座ります。日本のマナーと違うのは、原則として女性が優先される点なので、間違えないようにしましょう（左下コラム参照）。

お店の人に従っても

お店の人が席まで案内してくれるので、そのとき、さり気なく目上の人や女性に上席を勧めてくれることがあります。上席がよくわからない場合は、お店の人が最初に椅子を引いた席が上席なので、それに合わせて座るといいでしょう。

ダイニングルームの場合

2人の場合

壁際の席が上席です。

4人の場合

壁際で、入り口から遠いほうが上席です。

個室の場合

2人の場合

マントルピースのあるほうが上席です。

4人の場合

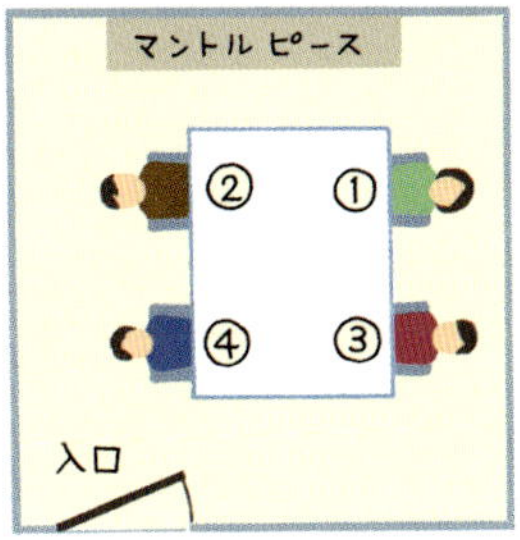

マントルピースがあり、入り口から遠いほうが上席です。

レディーファーストで振る舞おう

西洋では女性が優先され、男性が女性をエスコートするのがマナーです。入店から入室までだけでなく、席に着いてからも、お店の人を呼んだり、オーダーしたりといったことは男性が引き受けます。

Q ドレスコードって何？

A ドレスコードとは、公式な場などで必要な服装の規則のこと。高級レストランでは、基本的にカジュアルな服装を避けるというのがルールで、男性の場合はジャケットとネクタイ着用が一般的です。男性、女性に限らずジーンズ、スニーカー、短パン、サンダルなどがＮＧ。

ジーパンやカジュアルなパンツは×。

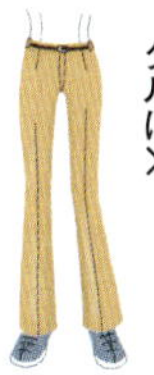

スニーカーやサンダルは×。

座り方とナプキンの使い方

テーブルまで案内されたら、接客係のリードに従って、椅子に座ります。バッグの置き方にも注意しましょう。また、ナプキンには使い方をはじめ、いろいろなサインがあるので、覚えておきましょう。

椅子に座る

高級レストランでは、テーブルに着くと、お店の人が椅子を引いてくれるので、それに合わせて座ります。焦らずにゆっくり座りましょう。女性や目上の人から先に座ります。

バッグの置き方

椅子に座ったらバッグを置きます。同じテーブルで空いている席があればそこに置いてもいいですが、椅子を自分のほうに引き寄せたりせず、さりげなく置きましょう。レストランによっては椅子のそばに荷物を置く台を用意してくれるところもあります。

どこにも置く場所がなければ左記のように置きます。

●座り方●

1 椅子の横に立ち、椅子を引いてもらったら、椅子とテーブルの間に入ります。

2 椅子がひざの裏に触れたら、なるべく深くかけるように意識して、ゆっくりと腰を下ろします。

3 テーブルと体の間に握りこぶし1つ分のスペースが空くように座ります。

××××NG××××

足を組まない

食事中に足を組むのはよくありません。テーブルクロスで見えないだろうと思っていても、腰が丸くなって姿勢が崩れるので美しくありません。

自分で座らない

自分で椅子を引いて勝手に座ってはいけません。先に椅子を引いてもらっている人がいる場合は、椅子の横に立って順番を待ちます。

ナプキンの使い方

ナプキンを広げるタイミングは、オーダーが終わったあとか、最初の飲み物が運ばれてきたときです。

目上の人がいる場合は、目上の人がタイミングを見計らって取り、ほかの人はそれに合わせます。みんなでモジモジしているのもおかしなものですから、目上の人などが率先して取るようにしましょう。

使い方

指を拭く

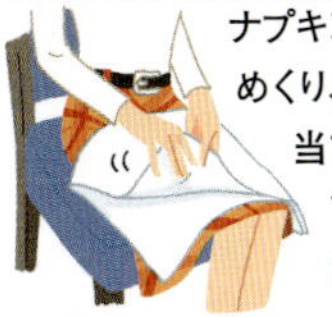

ナプキンの端を少しめくり、内側に押し当てるようにして指を拭きます。

口元を拭く

ナプキンの端を引き上げて拭きます。骨などを出すときに、口元を隠すためにも使います。

広げ方

ナプキンは二つ折りにして、ひざの上に広げます。輪を手前にすることが多いですが、向こう側にしてもOK。いずれの場合も、汚れた指などを拭くときは、ナプキンの内側を使うこと。

ナプキンがすべるときは

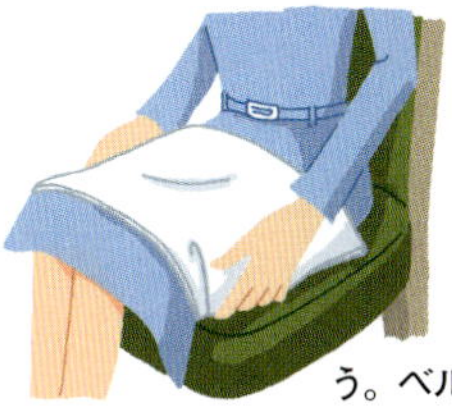

服の生地によってはナプキンがすべることもあるので、食事の途中でナプキンを落とさないよう注意。ナプキンの両端をももの下に少しはさんでおくといいでしょう。ベルトやスカートなどのウエスト部分に引っ掛けるのはNG。

足元に置く

底のしっかりしたバッグであれば、椅子の下でサービスのじゃまにならないところに置きます。

腰の後ろに置く

小さいバッグは腰と椅子の背もたれとの間に置きます。または、ひざの上に置き、その上からナプキンをかけても。

ナプキンのサイン

退出する

食事が終わって帰るときは、ナプキンを軽くたたんで、テーブルの上に置きます。

中座する

トイレなどで食事中に中座するときは、ナプキンは座っていた椅子の上に、軽くたたんで置きます。

××××NG××××

自分のハンカチを使う

ナプキンを汚しては悪いからと、自分のハンカチを使うのはNG。

きっちり折りたたむ

退出のときナプキンをきれいにたたむと「料理がおいしくなかった」サインになるといわれています。

××××NG××××

首にかけてはダメ

ナプキンの端を服の襟元にかけて首からたらすのはマナー違反です。欧米では、食べこぼして胸元を汚すのを避けるために、小さい子どもがするのはOKとされています。

××××NG××××

テーブルの上に置く

小さいバッグであっても、テーブルの上に置くのはマナー違反です。

椅子の背にかける

ショルダーバッグでも、サービスのじゃまになるので椅子の背にはかけません。

カトラリーの使い方

西洋料理では、あらかじめテーブルに食器やカトラリーがセッティングされています。ズラリと並んでいると、とまどうかもしれませんが、ルールに従って並んでいるので覚えてしまえば簡単です。

基本のテーブルセッティング

- 1　オードブルナイフ
- 1'　オードブルフォーク
- 2　スープスプーン
- 3　魚用ナイフ
- 3'　魚用フォーク
- 4　肉用ナイフ
- 4'　肉用フォーク
- 5　デザートナイフ
- 5'　デザートフォーク
- 6　位置皿
- 7　ナプキン
- 8　パン皿
- 9　バターナイフ
- 10　シャンパングラス
- 11　白ワイングラス
- 12　赤ワイングラス
- 13　水用グラス

カトラリー（ナイフ、フォーク、スプーン）は使う順序に従って、外側から中に向かって並べられており、デザート用は位置皿の奥にあります。位置皿はサービス皿とも呼ばれ、最初からセッティングされており、オードブルの皿がこの上に置かれます。

グラスは右側から並んでいますが、飲み物をついでくれるのはお店の人なので心配いりません。

カトラリーの使い方のルール

1. カトラリーは、位置皿の両脇に並べられている外側から使います（スプーンは1本のみ使います）。
2. デザート用のカトラリーは位置皿の上のものを使います。
3. グラスは基本的に右側から順に使いますが、飲み物の選び方によって変わるのでお店の人に任せましょう。

カトラリーのサイン

食事の終わり

ナイフとフォークをそろえ、柄が右斜め下を向くように置きます。フォークは上向きにします。

食事の途中

皿の中に八の字に置きます。ナイフは刃を手前に向け、フォークは下向きにします。

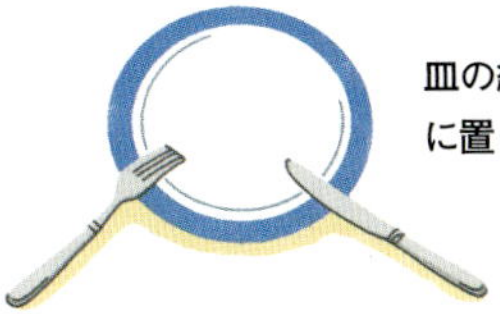

皿の縁にかけて、八の字に置く方法もあります。

Q ナイフレストが置いてあったら？

A 食事を１組のカトラリーで通す場合などに、ナイフレストが出ます。食事が終わったら、ナイフの刃を左に向け、フォークは上向きにして置きます。

Q 落としたら？

A カトラリーを落としてしまっても、自分で拾ってはいけません。手を小さく上げてお店の人を呼びましょう。

Q 間違えたら？

A カトラリーを間違えて使っても、そのまま食べ続けます。食べにくければ正しいものに変えてもいいですが、どちらにしても、お店の人があとでそっとフォローしてくれるので大丈夫です。

カトラリーの使い方

洋食は基本的に、ナイフを右手に、フォークを左手に持ち、両手を使って食べます。正しい持ち方や使い方、サインなどを覚えましょう。

ナイフとフォークの持ち方

ナイフもフォークも柄を軽くにぎり、人差し指を背に当てて持ちます。親指と人差し指に力を入れると、かたいものが切りやすくなります。

×××NG×××

ひじを張ると見た目が美しくなく、よけいな力が入って失敗のもと。脇を自然に締めましょう。

スプーンの持ち方

スプーンは右手で使います。魚料理にソース用のスプーンが出てきたときも同様です。

右手でフォークを持つ

右手でフォークを持って食べるのは略式のマナーですが、マナー違反ではありません。

フランス料理の流れと食べ方

西洋料理の代表ともいえるフランス料理について、フルコースの流れと、それぞれの料理の食べ方をマスターしましょう。イタリア料理など、そのほかの料理にも通じるところがたくさんあります。

西洋料理の種類

西洋料理の代表的なものといえば、フランス料理やイタリア料理です。どちらの場合も、レストランではコース料理やアラカルト（一品料理）があるので、好きなほうを選びましょう。コースにはフルコースや略式コースがあります。

フランス料理のフルコース

1. **オードブル**
   前菜のこと。食欲をそそる軽めの料理が出ます。
2. **スープ**
   ポタージュやコンソメが一般的です。
3. **パン**
   一般的にはスープと一緒に出ます。
4. **魚料理**
   メインディッシュのひとつです。
5. **口直し**
   ソルベやグラニテなどが出ます。
6. **肉料理**
   まさにメインディッシュ、主役です。
7. **サラダ**
   肉料理と一緒に出されます。
8. **チーズ**
   好みのチーズを選べます。
9. **デザート(アントルメ)**
   ケーキや冷菓などの甘い菓子です。
10. **デザート(フルーツ)**
    デザートに盛り合わされていることもあります。
11. **コーヒーとプチフール**
    コーヒーや紅茶と小さい菓子が出ます。

フランス料理の略式コース

1. オードブル
2. スープまたはサラダ
3. メインディッシュ（魚料理または肉料理）
4. デザートとコーヒー

※コースの略し方はいろいろで、オードブルがない場合や、オードブルかスープを選び、サラダはメインディッシュについている場合もあります。

イタリア料理のフルコース

1. **アンティパスト**
   前菜のこと。
2. **プリモ・ピアット**
   「１皿目の料理」という意味で、パスタやリゾット、スープなど。
3. **セコンド・ピアット**
   「２皿目の料理」という意味で、魚料理や肉料理などのメインディッシュ。
4. **コントルノ**
   「付け合わせ」という意味でサラダなど。
5. **フロマッジョ**
   チーズのこと。
6. **ドルチェとエスプレッソ**
   ドルチェはデザート、エスプレッソはイタリアのコーヒーのこと。

※イタリア料理はフランス料理に比べると品数が少なく、一品の量がやや多いのが特徴。フランス料理と同様、略式のコースもあります。

オードブル

オードブルとは前菜のこと。一品目の料理として、彩りのいいものや高級食材を使ったものなど、趣向を凝らした軽めのものが出ます。たいがいはテリーヌや生の魚介のような冷製料理ですが、エスカルゴのように温かい料理が出る場合もあります。盛りつけの美しさを鑑賞してから食べましょう。

殻付きのかき

1

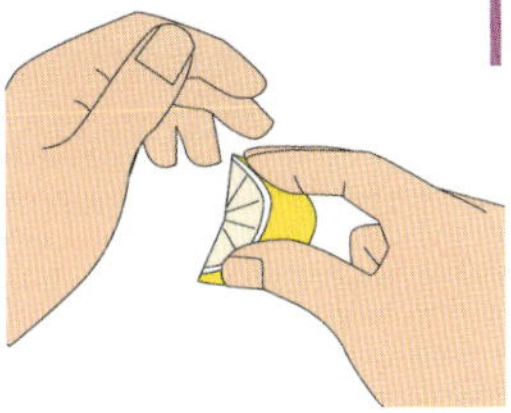

レモンを絞るときは、汁が飛びちらないよう、左手で覆います。

2

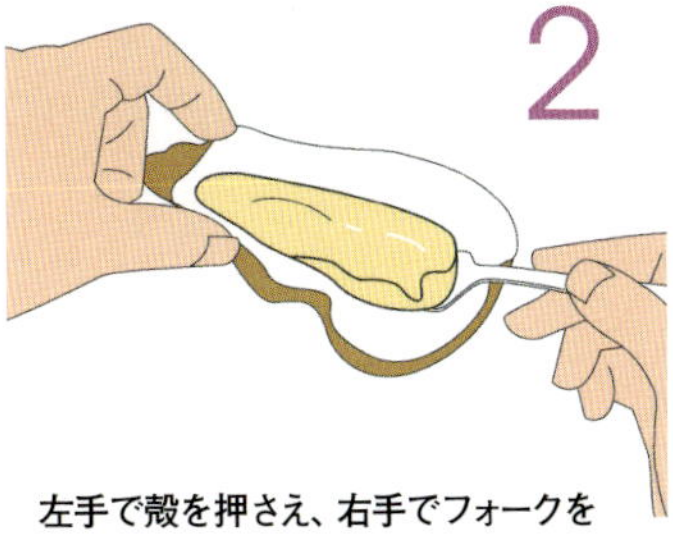

左手で殻を押さえ、右手でフォークを持って食べます。殻を手に持ち、殻の中の汁を飲んでもかまいません。

Q アミューズって？

A 最近はオードブルの前に「アミューズ（アミューズ・グール）」が出ることがあります。これは突き出しやお通しにあたるもので、ほんのひと口で食べられるような小さい料理です。

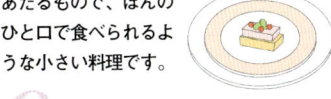

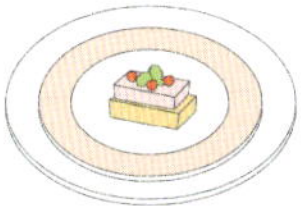

Q オードブルはいつも１種類？

A オードブルは１種類だけとは限りません。冷製オードブルのあと、温製オードブルが出ることもありますし、３種類続くこともあります。その場合、スープが省略されるなど、お店によってメニュー構成はさまざまです。

Q テリーヌとパテってどう違う？

A テリーヌは、テリーヌ型（たいがい長方形）に肉、魚、野菜のすりつぶしなどを詰め、オーブンで焼き上げた料理。パテは、パイ生地で肉、魚、野菜などを包んで、オーブンで焼いた料理です。ともに切り分けて供されるのでよく似ており、混同して使われることもよくあります。

エスカルゴ

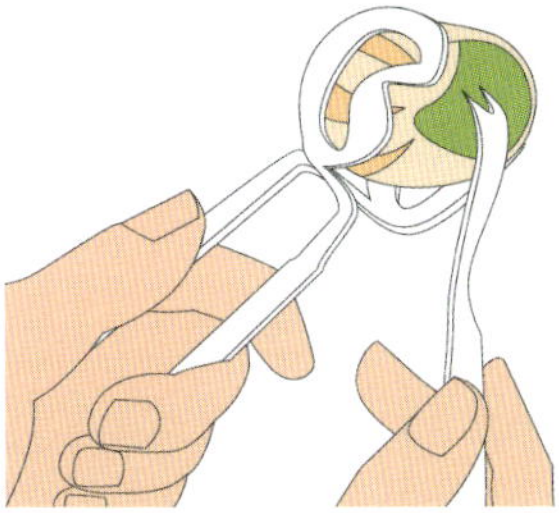

エスカルゴは食用カタツムリのこと。殻が熱い場合はトングが出るので、左手で持って殻をはさみ、専用のピックで身を取り出します。殻が熱くない場合は手で持ちます。

テリーヌやパテ

冷製オードブルの代表的なもので、フォアグラやキャビアといった高級食材が使われることがあります。ナイフとフォークを使って、左端からひと口大に切って食べます。

キャビア

専用のスプーンがついてくるので、すくって食べます。クラッカーがついている場合は、クラッカーを左手に持ち、キャビアをスプーンでのせて一緒に食べます。

カナッペ

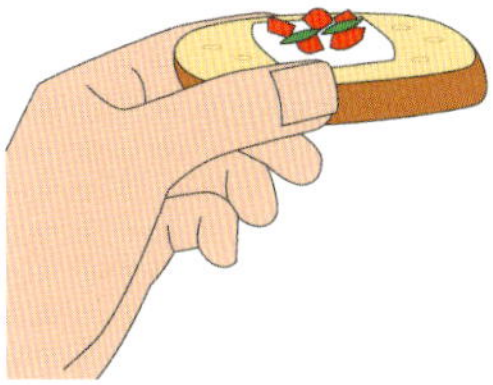

オードブルには、手でつまんで食べる料理が出ることもあります。カナッペはその代表的なものです。

フランス料理の流れと食べ方 2

スープは音を立てないように、パンは食べ始めのタイミングに注意します。

スープ

スープには、温かいものと冷たいもの（冷製）があります。また、コンソメという澄んだスープと、ポタージュというとろみのあるスープがあります。飲み方はどれも変わりません。

最近では、ジュレといって、コンソメスープなどをゼリーで固めて食べるタイプのスープもあります。

取っ手のついているカップの場合

スープが取っ手のついているカップで出た場合は、手で持って飲んでもいいし、スプーンがついていればスプーンで飲んでもかまいません。取っ手が両側についている場合は、両手で持って飲みます。片側だけについている場合は、右手で持って飲みます。

飲み方

1 スプーンを軽く持ち、皿の手前から向こうへ、縦に動かしてスープをすくいます（イギリス式）。左手は皿の左側にさり気なく添えておきます。

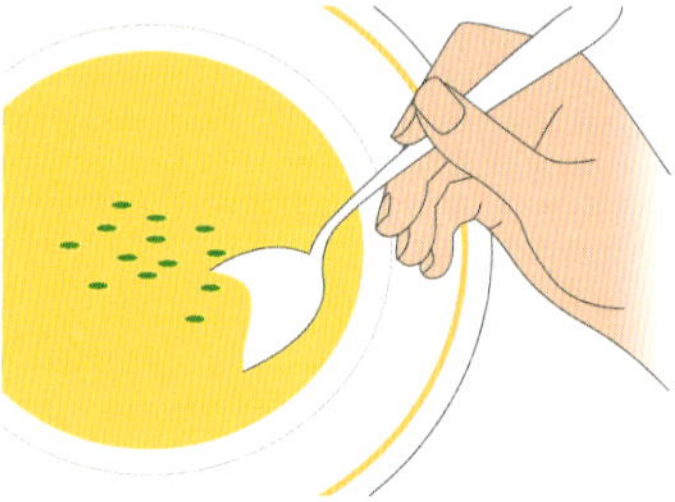

2 手首を曲げ、スプーンの先端に口をつけて飲みます。姿勢を正したまま、スプーンを口元まで持ってきます（スプーンの横側に口をつけて飲む方法もあります）。

3 スープが少なくなったら、左手で皿の手前を少し持ち上げ、スープを向こう側に集めてスプーンですくいます。

スープのすくい方

スプーンを手前から向こう側へ動かす方法はイギリス式で、向こう側から手前へ動かすフランス式もあります。どちらでもかまいません。

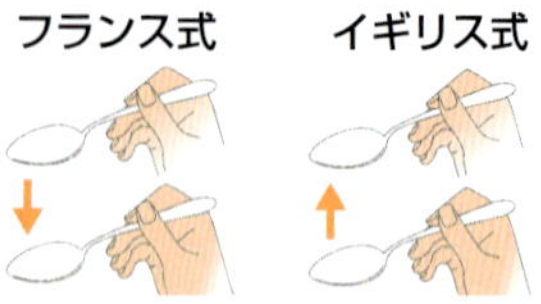

音を立てないように注意

洋式のレストランで嫌われるのが、音を立てて食べることです。日本人はみそ汁を飲む感覚でスープをすすりがちですが、「ズズズーッ」と音が立ちやすいので気をつけましょう。「飲む」より「流し込む」つもりで、具が多いときは「食べる」つもりでいると失敗しません。

飲み終わったら

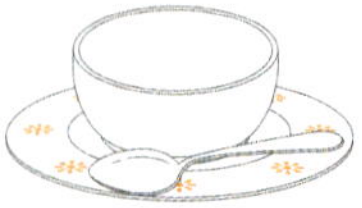

器の中に置くと安定が悪い場合は、受け皿に置きます。手前でも向こう側でもOK。

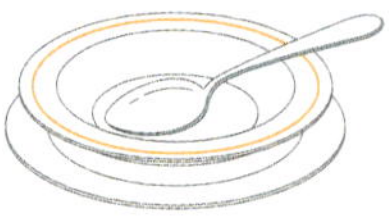

スプーンから自然に手を離した形で、皿の中にスプーンを置きます。

パン

パンはあらかじめパン皿に置かれている場合と、途中で接客係が運んでくる場合があります。接客係がかごに入ったパンを持ってきたら、好きなものを手で取って、左側にあるパン皿に置きます。お代わりができるので、最初からたくさん取らないこと。1個か2個にしておくのがいいでしょう。

●食べ方●

1

パン皿の上に置かれているバターナイフを使い、バター適量を取り分け、パン皿の上に置きます。あらかじめバターがパン皿にのっている場合もあります。

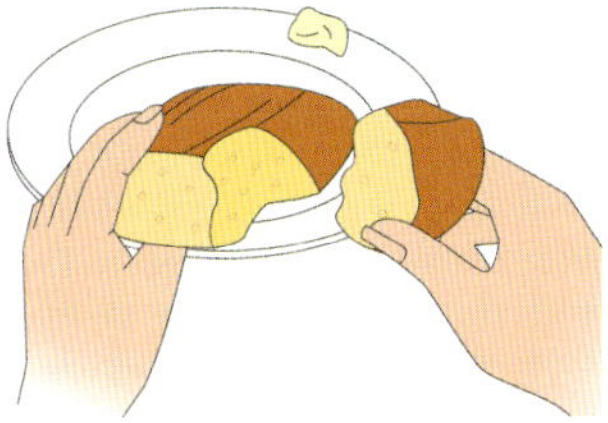

2

パンをひと口で食べられる大きさに、手でちぎります。あまり大きくちぎると、無理してほおばることになるので注意。

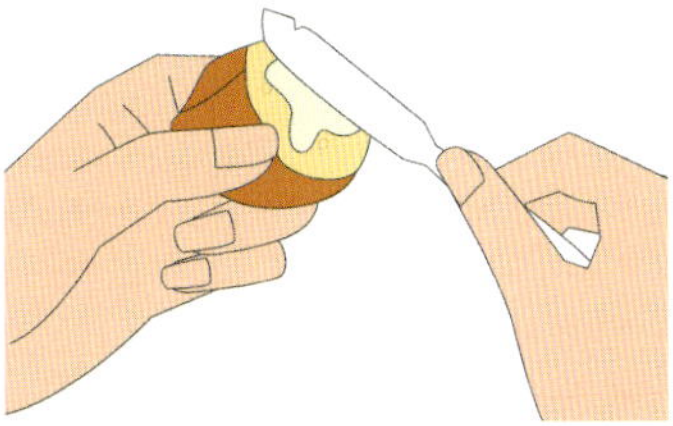

3

ちぎったパンにバターナイフでバターをつけ、ひと口で食べます。食べるたびに、パンをちぎってバターを塗ります。バターは随時取り分けます。

パンを食べるタイミング

最初からパンが置かれている場合は、スープが出たら食べ始めます。途中で出される場合は、運ばれてきたときが食べるタイミングです。

●パン皿がないとき●

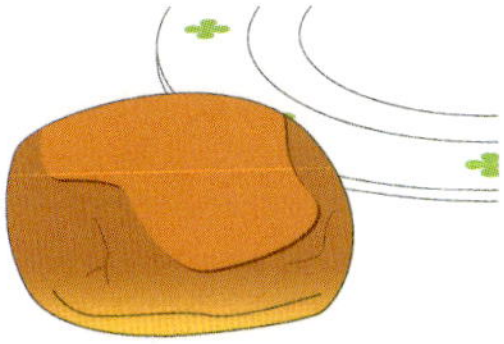

テーブルクロスの上にじかに置きます。メインの皿の左横の、じゃまにならないところに置くといいでしょう。メインの皿の中に置いてはいけません。

Q パンはお代わりしていい？

A パンはスープからメインディッシュの間、好きなだけ食べてよく、お代わりも自由にできます。ただし、最初から食べすぎると、メインディッシュが入らなくなることもあるので注意。また、お代わりしたものを残すのはよくありません。

××××NG××××

パンくずを集める

パンくずは、あとで接客係がきれいにしてくれるので、１か所に集めたり、パン皿などの中に入れてはいけません。

パンをかじる

パンをちぎらずに、そのままかじりついたり、大きくちぎったパンを歯でかみ切ったりしてはいけません。

パンくずを払う

パンくずが気になるからと、テーブルの下に払い落としたり、散らしたりしてはいけません。

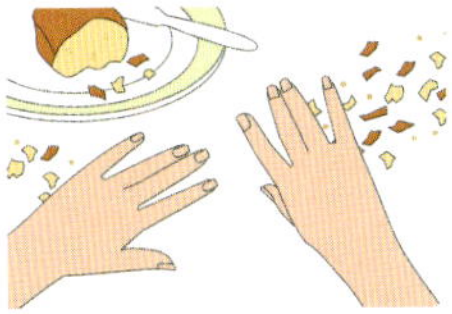

最初にバターを全面に塗る

いちいちバターを塗るのはめんどうだからと、最初にバターを全面に塗ってしまうのはNGです。

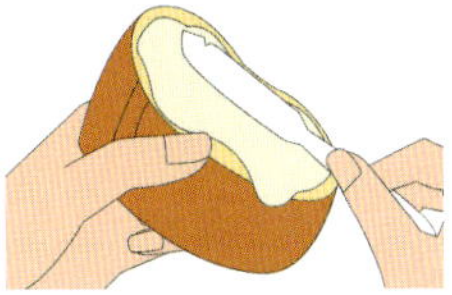

フランス料理の流れと食べ方 3

いよいよメインディッシュの2品です。料理と一緒に、パンも自由に食べましょう。

魚料理

季節の魚介が、グリル（鉄板焼き）、ブレゼ（蒸し煮）などさまざまな調理法で出されます。たいがいは頭や骨がはずされ、食べやすく調理されているので心配いりません。また、魚料理にはソースをたっぷり使ったものがあり、その場合はソーススプーンが添えられることがあります。

●食べ方●

左端からナイフでひと口大に切り、フォークで食べます。付け合わせの野菜なども小さく切って、随時食べましょう。

××××NG××××

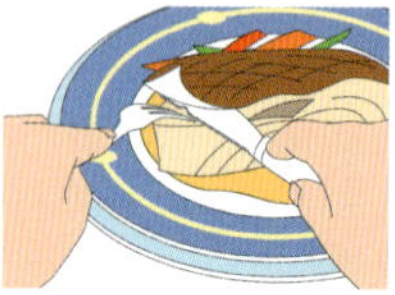

魚の皮を取るのは×。よく火が通っているので、一緒に切って食べます。苦手な場合は最初にはずして、器の隅にまとめて置くといいでしょう。

●魚が丸ごと出てきたら●

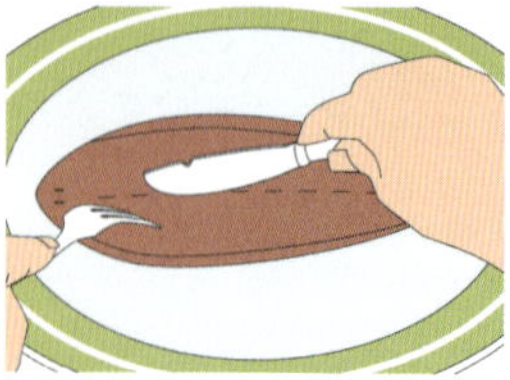

1

まずフォークで身を押さえ、背骨に添ってナイフを入れます。

2

手前の上身を骨からはずし、左端から切って食べます。そのあと、向こう側の上身を手前に持ってきて同様に食べます。

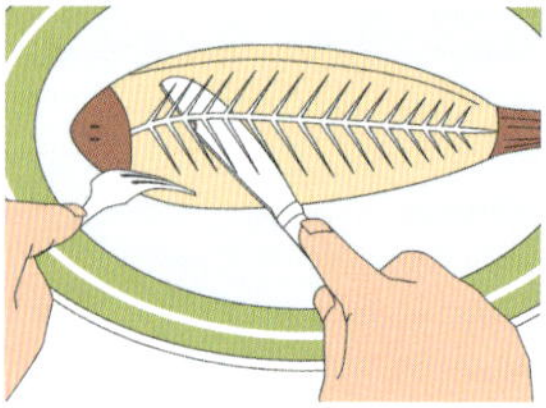

3

表側の身を食べ終わったら、骨の下にナイフを入れ、頭と一緒に向こう側に置き、下側の身を食べます。

ソーススプーンの使い方

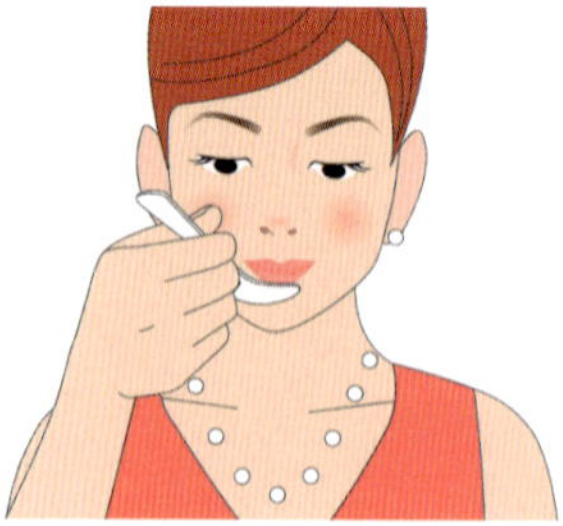

ソースの多い料理の場合、ソーススプーンがついてくることがあります。右手でソーススプーンを持ち、汁をすくって味わいます。

Q パンにソースをつけていい？

A 魚料理のソースは残すともったいないので、パンにつけて余すことなく食べるのが礼儀ともいわれていますが、これはケースバイケース。格式の高いレストランや改まった席では避けたほうがいいでしょう。

肉料理

肉料理はまさにメインディッシュ、フルコースの主役です。使われる肉にはいろいろな種類があり、子牛、子羊（ラム）、鴨などが、よく使われます。また、ジビエといって野うさぎ、きじ、うずらなど、狩猟の対象となる野鳥類が使われることもあります。調理法もグリル（鉄板焼き）に限らず、ロースト（あぶり焼き）やブロシェット（串焼き）などいろいろです。

食べ方

××××NG××××

最初に全部切り分けてしまうのは×。空気に触れる時間が長いと風味が落ち、肉汁も出てきます。

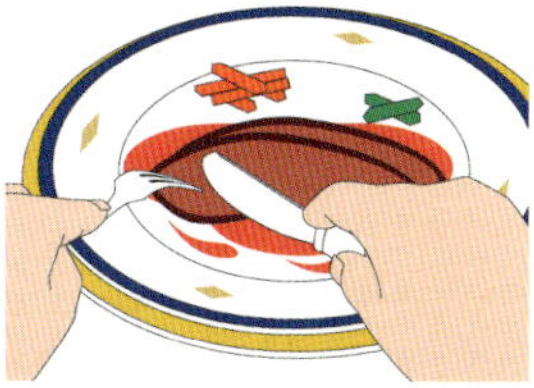

左端からひと口大に切って食べます。フォークでしっかり押さえ、ナイフを向こう側に押しながら力を入れます。ナイフをまっすぐ下に押しつけただけでは切れないので注意。

ブロシェットの食べ方

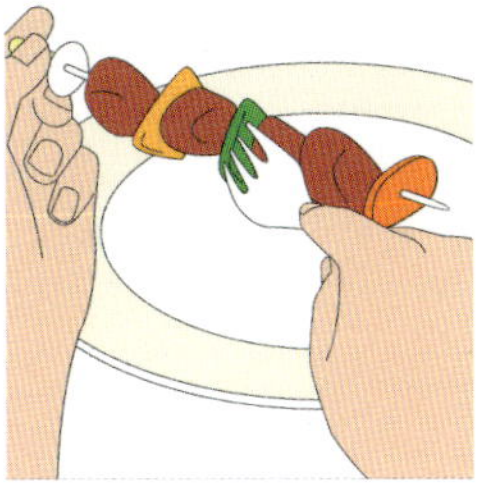

ブロシェットは西洋料理の串焼きで、金属製の大きな串が使われます。左手で串を持ち、右手にフォークを持って具をはずしていきます。抜いた串は皿の向こう側に置き、具を切って食べます。

××××NG××××

小ぶりの串であっても、改まった席で、串に刺したまま持って食べるのはNGです。

串が熱いときは

串がかなり熱い場合は、ナプキンを使って持ちます。冷めるのを待っていると、肉が抜けにくくなるので注意。

骨付き肉の食べ方

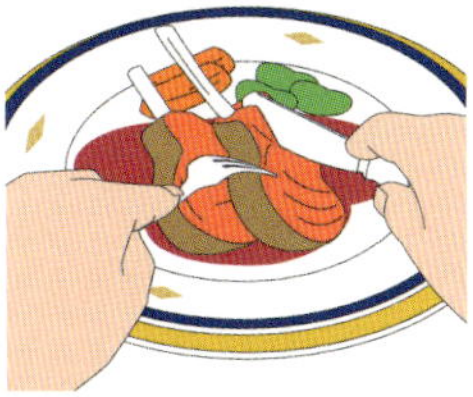

骨を手で持って食べてもかまいませんが、改まった席ではナイフでひと口大に切って食べます。その際、あまり骨の近くまで食べようとすると、ナイフがすべって粗相することもあるので、適当なところでやめましょう。なお、改まった席でもフィンガーボウルが出ていれば、手で食べられます(64ページ参照)。

ステーキの焼き加減

ステーキの場合は、好みの焼き加減を聞かれることがあります。表面だけを焼いて中が生焼けの「レア」、中がほんのりと赤い「ミディアム」、中までしっかり火が通っている「ウェルダン」があります。その中間に「ミディアムレア」と「ミディアムウェルダン」があります。自分の好みを伝えられるようにしておきましょう。

口直し

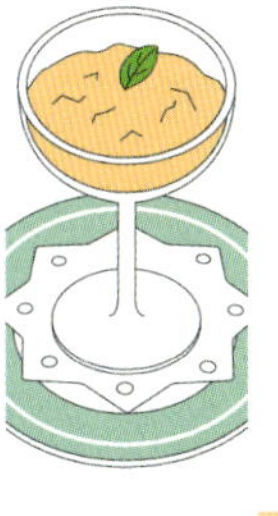

正式なフランス料理のフルコースでは、肉料理がステーキとローストの2品出ます。その間に、口中をサッパリさせる「口直し」として、ソルベやグラニテなどの小さい氷菓が出ます。現在では肉料理は一皿になったので、魚料理と肉料理の間に、口直しが出ることがあります。ソルベはワインやシャンパンなどをベースにしたシャーベットで、グラニテは果汁ベースのシロップを凍らせたもの。

フランス料理の流れと食べ方 4

サラダで料理が締めくくられると、デザートが始まります。チーズはそのつなぎの役目を果たしています。

サラダ

サラダには口中をサッパリさせ、肉料理で酸性化した血液を野菜のアルカリ性で中和する目的があります。肉料理と一緒に出されることもありますし、オードブルのあとに出ることもあります。

サラダは日ごろ食べ慣れている料理だけに、無造作に食べてしまいがちですが、改まった席ではマナーを意識することを忘れずに。フォークだけで食べられるものもありますが、右手にフォークを持って食べるより、ナイフとフォークを使って食べたほうがマナーにかなっています。

●食べ方●

サラダの皿はメインの皿の左奥に置かれるので、食べる分ずつメインの皿の隅に移して食べます。移すときにドレッシングをたらさないように注意。

●大きな葉ものは●

レタスなどの大きな葉ものは、ナイフとフォークでひと口大に折りたたみ、フォークで刺して食べます。ナイフで切ると、キーキー音が立ちやすいので×。

Q 右手だけで食べていい？

A サラダを右手に持ったフォークで食べるのは、略式のマナーとされています。それほど改まった席でなければOK。その場合、左手を器に添えましょう。

Q 野菜が刺さりにくい場合は？

A 野菜にフォークが刺さりにくい場合は、左手にパンを持って、サポートしてもいいでしょう。

××××NG××××

サラダの器が小ぶりであっても、手で持って食べるのはNG。テーブルに置いたまま食べます。

!! 金属音を立てないように注意

トマトなどの野菜がひと口で食べられないときは切って食べますが、野菜は意外に切りづらいもの。ナイフで金属音を立てないように注意します。とくに小鉢状の器に盛られている場合、カトラリーが器に当たりやすいので注意。

チーズ

料理が終わるとデザートコースが始まります。そのつなぎの役目を果たすのがチーズですが、おなかに余裕がないときは無理に食べなくてかまいません。お店の人がチーズを持ってくるので、その中から好みのものを2～3種類選びます。よくわからなければ、お店の人に聞いたり、好みの味を伝えたりして選びましょう。

●食べ方●

1　チーズ用のナイフとフォークがセットされるので、それで小さく切って食べます。チーズは赤ワインと相性がいいので、一緒にいただくとさらに美味です。

2　やわらかいチーズはパンやクラッカーにのせて食べるといいでしょう。干しぶどうなどのドライフルーツが添えられていることもあり、これもチーズとの相性がバツグンです。

チーズの種類

- フレッシュ…熟成させないチーズで、さわやかな味。
- 白カビ…カマンベールやブリに代表されるクリーミーでソフトな味のチーズ。
- 青カビ…「ブルーチーズ」と呼ばれ、独特の風味と刺激がある。
- シェーブル…山羊の乳で作った個性的な味のチーズ。
- ウォッシュ…表面を塩水などで洗うチーズで、濃厚な味わい。
- セミハード…チェダーなど、ややかためのチーズ。
- ハード…かたいチーズでパルミジャーノ・レッジャーノが有名。

デザート（アントルメ）

いよいよデザートコースが始まります。アントルメとは甘い菓子のことで、ケーキなどの焼き菓子やアイスクリームなどの冷菓と、種類はまさにいろいろ。一皿に2～3種類のアントルメが美しく盛り合わされて出てきます。

パティシエ（菓子職人）のつくる芸術的な世界を楽しみましょう。

●食べ方●

1　数種類が盛り合わされている場合は、まず冷たいものや味のマイルドなものから食べます。アイスクリームやプリンなどはスプーンで食べます。

2　飾りも本体と一緒に食べましょう。大きい場合は本体からはずしてナイフとフォークで切ります。

××××NG××××

ワゴンサービスで取りすぎる

デザートがのったワゴンがテーブル席まで来て、好きなものを選べるというお店もあります。食べ放題といわれても欲張って残すのは恥ずかしいもの。食べられる分だけを選びましょう。

フランス料理の流れと食べ方5

デザートのフルーツが出たあと、コーヒーや紅茶とプチフール(小さい菓子)が出て、コースが終了します。

デザート(フルーツ)

デザートの2品目はフルーツですが、アントルメと盛り合わせになることもよくあります。季節のフルーツや輸入もののめずらしいフルーツなどが供されます。

たいがいは食べやすいように皮や種が除かれて、切り分けられています。大きければ、デザート用のナイフとフォークでひと口大に切って食べます。

メロンの食べ方

1 フォークで果肉を押さえ、ナイフで皮に沿って切り目を入れます。入れやすいところまでで止めます。

2 メロンの向きを変え、ひと口大に切って食べます。ナイフを入れたところまで来たら、また右側からナイフを入れて最後まで食べます。

種のあるもの

さくらんぼやぶどうなどの種を出すときは、手を握って口にあて、その中に出します。種は皿の隅にまとめておきます。

コーヒーとプチフール

いよいよコースの締めくくりです。コーヒーや紅茶など、飲み物の希望を聞かれるので好きなものを選びます。コーヒーはレギュラーコーヒーのほかに、濃いエスプレッソコーヒーを出すお店もあります。紅茶はレモンやミルクを選びます。飲み物と一緒に、プチフールという小さい菓子が出てくることもあります。

飲み方

××××NG××××

コーヒーや紅茶のカップを持つときは、底に左手を当てません。これは日本式の作法なので注意。また、小指を立てないように気をつけます。

好みで砂糖やミルク(紅茶の場合はレモン)を入れ、スプーンでかき混ぜてソーサーの向こう側に置きます。右手でカップを持って飲みます。

エスプレッソなど濃いコーヒーは、デミタスカップという小さいカップで出てきます。持ち手に無理に指を通さず、指先をそろえて、はさんで持ちます。

菓子の食べ方

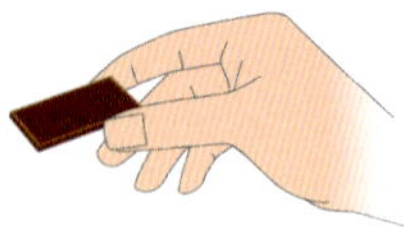

プチフールは日本のお茶うけにあたる小さい菓子です。全部食べなくてもかまわないので、1～2個を指でつまんで食べましょう。

フィンガーボウルの使い方

手を使って食べる料理の場合、フィンガーボウルが出ます。レモンスライスが浮いている場合もありますが、飲み物ではありません。汚れた指先を片手ずつ洗って、ナプキンで拭きましょう。両手を一緒に入れるのは×。

伊勢えびのグラタン

貝殻に盛られたコキーユも同様に食べます。

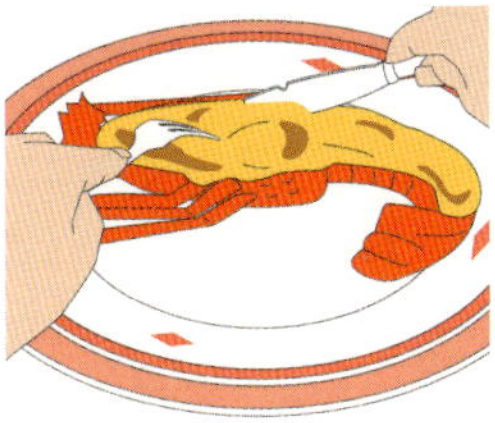

1 一度身を取り出して調理したものを詰めてあるので、ナイフとフォークで身を取り出します。

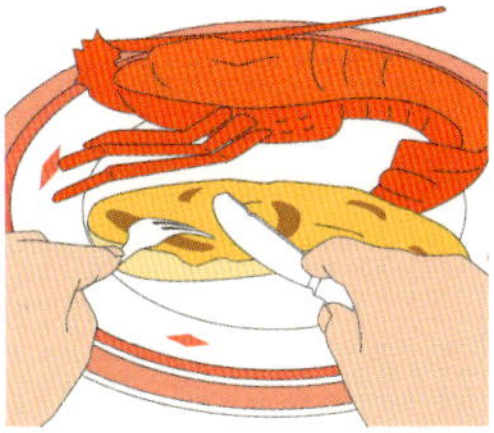

2 身を皿の手前に、殻を向こう側に置きます。身の左端からひと口大に切って食べます。

ホイル包み焼き

パラフィン紙で包まれた料理も同様です。

1 ナイフでホイルの中央に切り目を入れます。縦でも横でもかまいません。

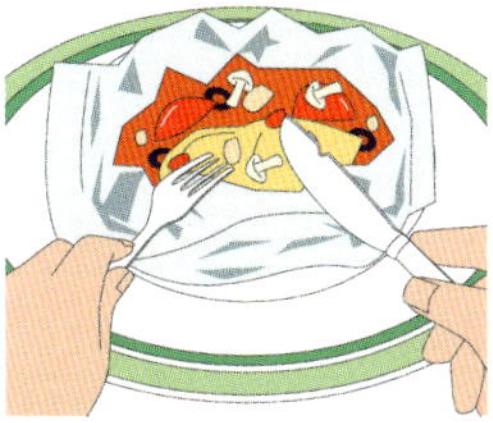

2 ナイフとフォークで切り目を大きく開き、中身をひと口大に切って食べます。

こんな料理はどうする？

生ハムメロン

オードブルに登場するポピュラーな料理です。

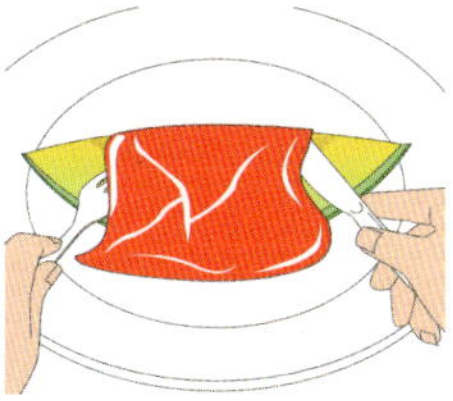

1 生ハムとメロンは一緒に切れないので、まずナイフとフォークで生ハムをはずし、皿の手前に置きます。

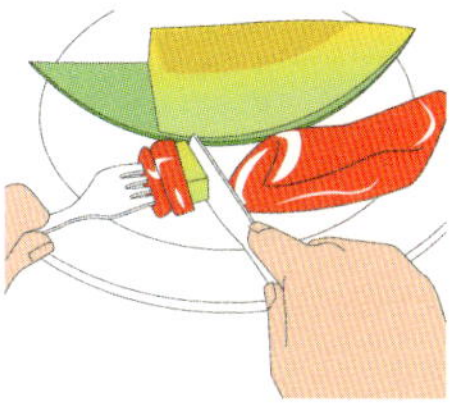

2 生ハムとメロンを別々にひと口大に切り、一緒にフォークで刺して食べます。

パイ包みのスープ

スープのバリエーションのひとつです。

1 パイ皮の真ん中にスプーンで穴をあけ、パイをスープの中に落とし、まず立ち上る香りを味わいます。

2 落としたパイ皮とスープをすくって飲みます。少しずつ落としながら飲み、器についているパイ皮は残します。

おなじみの洋食の食べ方

現在の日本では、家でもレストランでも、気軽に洋食を食べられるようになりました。日ごろ食べている洋食について、正しいマナーを覚えておきましょう。

パスタ

イタリア料理の代表的なもので、ロングパスタとショートパスタがあります。

ロングパスタは、ひと口よりやや少なめの量をフォークですくい、皿の隅でフォークを立てて、きっちりと巻きます。

スプーンが添えられている場合は、左手でスプーンを持ち、スプーンの上で巻くと、きっちり巻けます。

貝を使ったボンゴレのパスタでは、貝殻を左手で持ち、身をフォークですくいます。貝殻は皿の隅にまとめます。

ショートパスタはフォークにのせて食べます。すくいにくいものは刺して食べてもOK。

カレー

ライスで食べる場合とナンで食べる場合とがあります。

ライスとルーが別々に出てきたら、ルーを少しずつかけて食べます。最初に全部かけてもOKですが、その場合、全体をかき混ぜるのはNG。

ナンの場合は、ナンをひと口大にちぎり、右手で持って、ルーにつけて食べます。

ライス

洋食店などでライスを食べる場合のマナーです。

ナイフでひと口分のライスをフォークの腹にのせて食べます。フォークの背にのせるのはこぼしやすく、旧式のマナーです。

フォークを右手で持ち、ライスをすくって食べてもいいでしょう。

ピラフ

洋風の炊き込みご飯です。

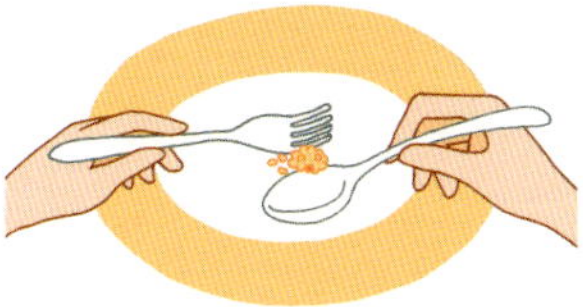

右手でスプーンをもって食べます。最後のライスが取りにくいときは、フォークでスプーンの上にのせます。

サンドイッチ

何層にも重ねられたクラブハウスサンドの食べ方です。

両手でしっかりと持ち、具が飛び出さないように押さえながら食べます。

ハンバーガー

具が多い、厚みのあるハンバーガーの食べ方です。

両手でしっかりと持って食べます。ソースがたれそうなときは、後ろ側をナプキンで包んでもいいでしょう。

ピザ

ナイフとフォークがセットされているお店では切りながら食べます。

たいがいは切り分けてあるので、一片を左手で持ち、チーズが切れないときはフォークでのせます。

やや丸めるようにして持つと、具がこぼれません。

パエリア

米と魚介を専用の鍋で炊いたスペインの代表的な料理です。

大きい鍋で出たときは取り分けて食べます。自分の前から中心まで三角形の部分を取り分けます。

えびの殻は手を使ってむきます。ムール貝などの貝類は、左手で貝殻を持ち、フォークで身を刺して食べます。

NG集

「うっかりやっちゃった！」ということのないように、
日ごろから気をつけておきましょう。

パンをスープに浸す

パンをスープに浸しながら食べるのは、パンがかたい、またはスープがまずいというサインになる場合もあるので注意。

料理を右端から切る

洋食はナイフとフォークで切って食べるのが基本ですが、右側から切るのはＮＧ。必ず左側から切ります。最初に全部切り分けてしまうのもＮＧ。

カトラリーで人を指す

ナイフやフォークで人を指すのは失礼ですし、危険でもあるので絶対ＮＧ。ナイフを置くときも、刃先を人に向けないようにします。

ナイフで食べる

右利きの人は右手が使いやすいので、ついナイフを使ってしまうことも。ナイフについたソースをなめるのも×。

げっぷをする

和式のマナーでも同じですが、西洋ではとくに、げっぷが嫌われるので注意します。あくびも同様で、退屈しているように見えるので、同席者に対して失礼です。

ほおばって食べる

大きく切りすぎた料理を、ほおばるのはＮＧ。かみ切るのもＮＧなので、切り分けるときにひと口で食べられるかどうかを考えましょう。

西洋料理のマナー

レモン汁を飛ばす

レモンを絞るとき、汁は意外と遠くに飛ぶものです。同席者の服などにかかってしまうこともあるので、必ず左手で覆うこと。

声を出して呼ぶ

「すみませ〜ん！」と大声を出して、お店の人を呼ぶのはＮＧ。テーブルごとに係りが決まっているので、小さく手を上げて合図をすれば気がついてくれます。

器を交換する

ひとつの料理をシェアするのは改まった席でなければＯＫですが、器の交換はＮＧ。最初にシェアすることを告げれば、お店の人が取り分けてくれます。

落としたカトラリーを拾う

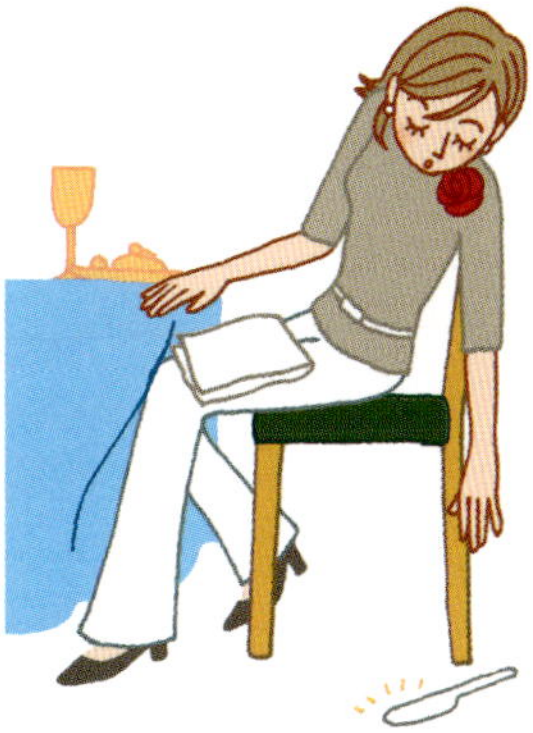

ナイフやフォークを落としても自分で拾わず、お店の人を呼んで、新しいものをもらいます。

ひじをつく

テーブルの上にのせてもいいのは、指先からひじの手前までです。テーブルにひじをついたり、頬杖をついたりするのは×。

音を立てる

カトラリーを食器にあててカチャカチャさせたり、ナイフで切るときにキーッという金属音を立てるのは×。

食後の楽しみ方

西欧では食事のあと、ゆっくりお酒を飲んだり、葉巻をくゆらせたりし、食事の余韻やおしゃべりを楽しむ習慣があります。大人のマナーを覚えておきましょう(会計のしかたは86ページ参照)。

食後酒を楽しむ

食事のあとに飲むお酒のことを食後酒といい、食後の口直しや消化を促進する役目があります。コーヒーを飲み終わったけれど、まだおしゃべりをしていたいときなどに、食後酒を頼むのもいいでしょう。

別室を利用する

高級レストランの場合、ダイニングルームとは別に、カウンターバーやゆっくりくつろげる談話室が用意されていることがあります。食事のあと、改めてゆっくりしたいときは席を替え、お酒やソフトドリンクを注文して楽しむのもいいです。

食後酒に向くお酒

すでに満腹なので、炭酸などで割らずにストレートで少量飲むのが基本です。甘口のワインや甘口のシェリー、お酒に強いタイプならブランデーなどのアルコール度の高いお酒もおすすめ。カクテルもいいでしょう。

談話室やカウンターバーは喫煙OKの場合もあります。

オーダーなしでの長居はほどほどに

食事が終わったら、しばし歓談をしたあと、適当な時間に引き上げます。追加オーダーをしないで長居をするのは禁物。話が尽きないときは、バーや喫茶店など、ほかの店に移動してくつろぎましょう。

Q シガールームって？

A 高級レストランの中には、シガールームを持っているところもあります。シガーとはタバコではなく、葉巻のことで、自分専用の葉巻をキープできるお店もあります。大人の楽しみのひとつといえます。

第3章

中国料理のマナー

中国料理にはみんなでワイワイ楽しむイメージがありますが、
なごやかな場においてもマナーは大事です。
とくに、料理の取り分け方や回転台の回し方について覚えておきましょう。

中国料理の基本

円卓を囲み、みんなで取り分けて食事をする中国料理には、にぎやかで、なごやかな雰囲気があります。まず中国料理の種類やコースの流れ、テーブルセッティングについて覚えましょう。

中国料理の種類

広い国土を持つ中国では、地域によっていろいろな料理が発達しています。日本で知られているのは、中国の4大料理といわれる北京《ペキン》、上海《シャンハイ》、四川《シセン》、広東《カントン》の料理です。それぞれの味の特徴を覚えておくと、お店を選ぶときの参考になるでしょう。

ただし、日本では地方の味にこだわらず、各地方の人気の料理を選りすぐって出しているお店もたくさんあります。また、日本や西洋の素材を取り入れて新しい味を作り出したり、フランス料理のようにひとり一皿ずつサーブするお店もあります。

お店を予約するときは、事前にメニューや料理の出し方などをチェックしておくと安心です。

中国の4大料理の特徴

●北京料理●

首都・北京の宮廷料理を中心に発達した料理。寒い地方のため濃厚な味つけが特徴で、粉を使った料理も多い。「北京ダック」や「水餃子」が代表的。

●上海料理●

海、川、湖と水に富んだ地方なので魚介類が豊富。素材の味を生かした淡白な味つけと、濃厚で甘辛い味つけとがある。「上海がに」「豚肉の角煮」など。

●四川料理●

山深く寒い地方のため、唐辛子や山椒などの香辛料を豊富に使ったピリ辛料理が多い。「麻婆豆腐」もそのひとつ。乾物もよく使われる。

●広東料理●

海の幸・山の幸に恵まれているため、素材の持ち味を生かす淡白な味つけが多い。フカヒレ、ツバメの巣などの高級食材も使われる。「飲茶」の発祥地。

中国のティースタイル「飲茶《ヤムチャ》」

飲茶は広州で生まれ、香港で発展したお茶のスタイルで、中国茶を飲みながら餃子やシュウマイ、杏仁《アンニン》豆腐など、いろいろな点心をつまみます。点心の数や種類も豊富で、ティータイムとしてだけでなく、ランチなど食事の代わりにもなります。日本でも飲茶のお店が増えてきました。

好みの中国茶を選び、点心をつまみながら歓談します。中国人にとって、飲茶は社交の場でもあります。

オーダーのしかた

中国料理は大皿から取り分けて食べるのが基本なので、コースの量はひとり分ではありません。コースで注文する場合は、何人分のコースであるかを確認します。

アラカルトで一品ずつオーダーする場合も同じです。一品ひとり分ではなく、小盆と書いてあれば2〜3人分、中盆で4〜5人分が一般的。一皿の量はお店によって違うので、必ず何人分かを確認しましょう。

基本のテーブルセッティング

中国料理のテーブルセッティングには厳密な決まりがありません。箸は日本式に取り皿の前に、横にして置かれる場合もあります。また、取り皿の上にナプキンが置かれていることもあります。中国料理は基本的には箸で食べますが、食べづらいものはちりれんげが自由に使えます。また、卓上に調味料が出ているので、小皿にとって好みでつけて食べます。

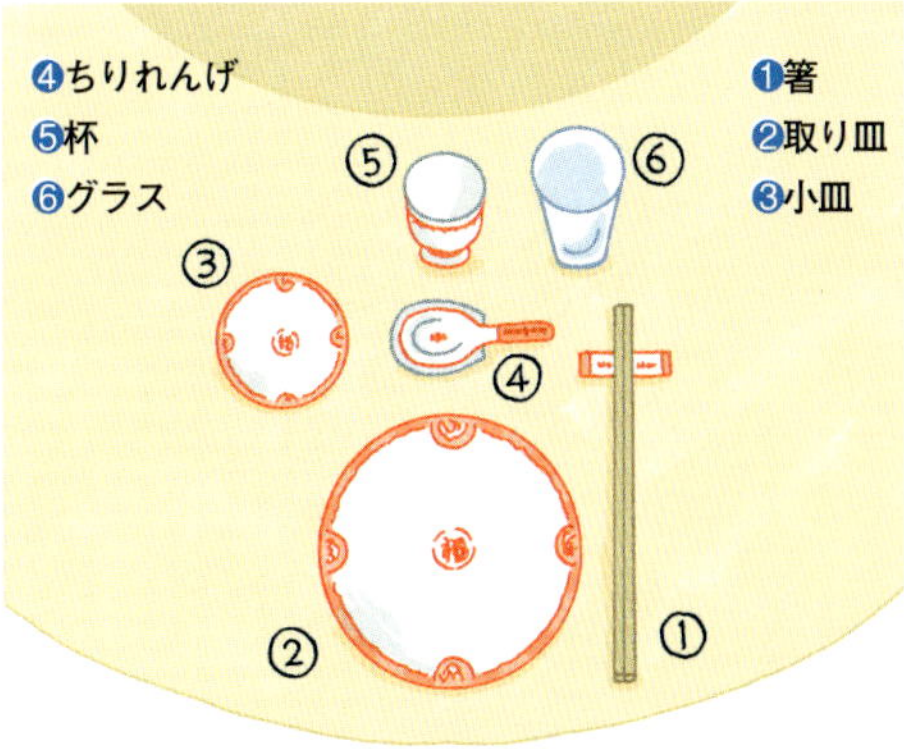

中国料理のフルコース

1 ●前菜●

くらげや棒々鶏《バンバンジィ》など、冷製の料理が盛り合わされています。

2 ●湯(タン)●

スープのこと。卵スープなど軽めのものは主食の前に出ます。

3 ●主菜●

メインディッシュで、肉、魚介、野菜などの料理が4〜5品出ます。

4 ●主食●

炒飯や焼きそばなど、ご飯や麺類が出ます。

5 ●点心●

デザートのこと。シュウマイや杏仁豆腐、フルーツなどが出ます。

円卓のマナー

円卓についている回転台の回し方、料理の取り分け方などのマナーです。

席次

円卓にも席次があります。出入り口から一番遠いところが上座、出入り口に一番近いところが下座です。招待や接待であればゲストが上座に座り、招待する側は下座に座ります。そうでない場合は、一番目上の人が上座に、目下が下座に座ります。男性優先、女性優先というのはとくにありません。

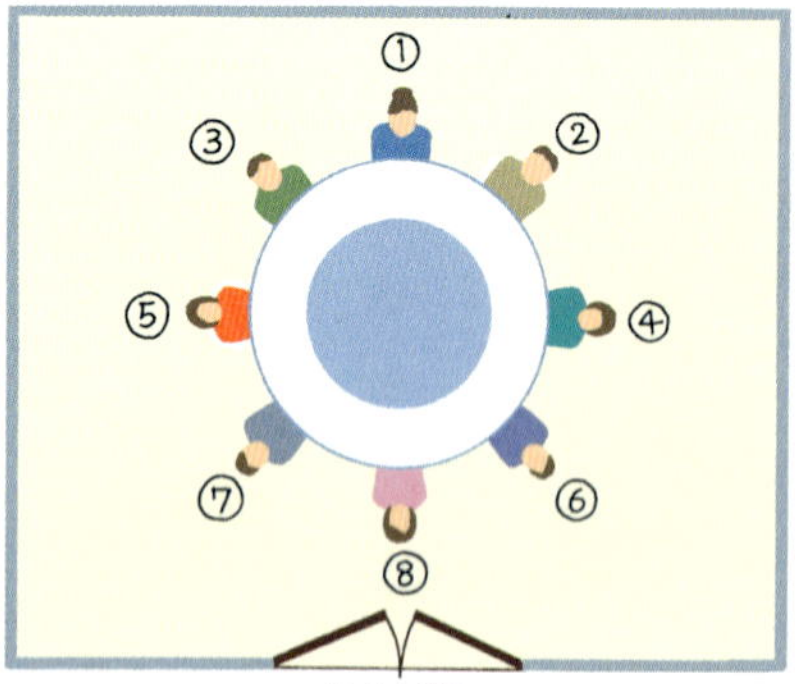

料理の取り分け方

料理は大皿から取り分けて食べます。その場合、自分の分は自分で取り分けるのが原則です。同席者が招待客であったり、目上の人であっても、基本的には取り分ける必要はありません。また、取り分けるのが大変そうなものは、お店の人に頼むことができます。

大皿からの取り分け方や円卓を回すときに気をつけることを覚えましょう。楽しい食事にするためには、まわりへの気配りが大事です。

席次に迷ったら

上座や下座がわかりにくい場合は、奥まった落ち着きやすい席を上座と考えるといいでしょう。通路側の席は下座です。目下の人が座って、オーダーなど、お店の人とのやり取りを引き受けましょう。

ゲストや目上から取り分ける

料理はゲストや一番目上の人から取り分けます。料理の皿が遠い位置に置かれていたら回してあげましょう。回されたら遠慮なく取り分けます。

回転台は時計回りに回す

料理の皿が置かれている回転台は、時計回りに回すのが基本です。上座の人が料理を取り分けたら、時計回りに回して順次、料理を取っていきます。

全員にいきわたるように取り分ける

料理は人数分が盛られているので、全員にいきわたるようにバランスよく取り分けます。あとで足りなくならないよう、やや少なめにしておきます。

サーバーの使い方

1 右手にスプーン、左手にフォークを持ちます。右手にまとめて持つのは難しいので、両手で持ちましょう。

2 フォークでスプーンの上に料理をのせるようにして、スプーンですくいます。

3 料理を取り皿に移します。取り皿は回転台のそばに近づけておきましょう。

4 スプーンとフォークをきちんとそろえ、回転台からはみ出さないように注意して、料理の皿に戻します。

Q 取り分けないで食べたい場合は？

A 最近は、客に取り分けの手間をかけないよう、お店の人が、その場ですべて取り分けてくれるお店も増えています。また、ひとり一皿ずつ盛られて出てくるスタイルのお店もあります。取り分けずに食べたい場合は、予約のときに確認するといいでしょう。

サーバーを元に戻す

サーバーや取り箸が添えられているので、取り分けるときに使います。使い終わったサーバーなどは、きれいにそろえて元に戻します。

全員が取り分けたら食べる

先に取り分けたからといって、すぐに箸をつけてはいけません。全員が取り分け終わってから食べましょう。

お代わりは自由

全員が取り分けたあとに残っている料理があれば、自由にお代わりします。残すことのないよう、食べられそうな人に勧めてあげるのもいいでしょう。

中国料理の食べ方

中国料理は箸を使って食べますが、日本式のマナーとは違う点があるので気をつけましょう。

食べ方の注意

日本料理と大きく違うのは、器を持たないで食べる点です。取り皿は小さいので、つい持って食べてしまわないよう注意します。箸の使い方は、日本式のマナーを覚えておけば大丈夫でしょう。

箸の使い方

中国の箸は日本のものに比べて長いのが特徴です。持ち方や使い方は同じです。箸使いのタブー（26ページ参照）のような細かい決まりはありませんが、避けたほうがいいでしょう。

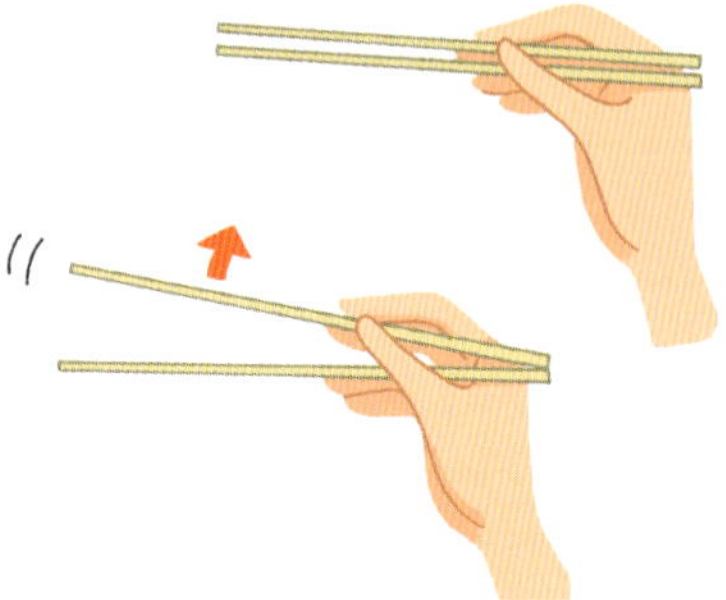

ちりれんげの持ち方

持ち手のところにある溝に人差し指をのせて持ちます。スープはもちろん、炒飯などを食べたり、麺を受けたりするときにも使います。

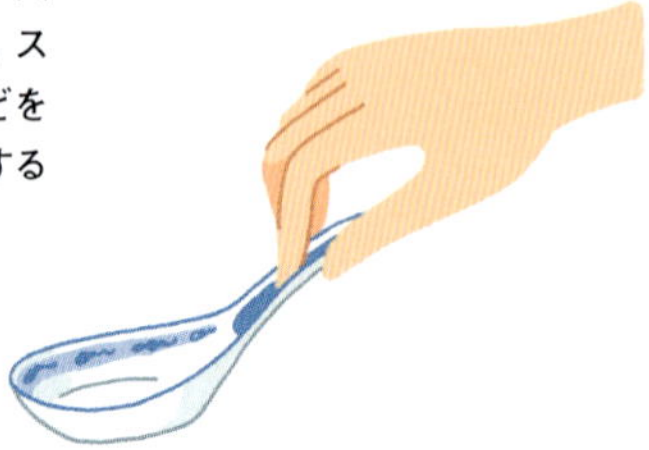

取り皿は一品で１枚が基本

料理の味が混ざらないよう、取り皿は一品ごとに新しいものを使います。回転台の上に置いてあるので、各自が取り分けるときに、新しい皿を取ります。

器を持たない

取り皿はテーブルに置いたまま、箸で食べます。左手を皿に添えるといいでしょう。背すじを伸ばして食べます。

ご飯の食べ方

炒飯や白いご飯などは小鉢に取り分けられるので、器を持って食べます。炒飯はパラパラしているので、ちりれんげで食べるといいでしょう。

スープや麺の食べ方

スープや麺は小鉢に取り分けられますが、器を持たずに食べます。麺の場合は、ちりれんげを左手に持ち、麺を受けながら食べます。

卓上調味料の使い方

日本料理や西洋料理では、出てきた料理に調味料をふるのはマナー違反ですが、中国料理では各自が好みの味つけで食べるのが普通です。何をどの味で食べるといった決まりはないので、卓上調味料を使って好きなように味つけしましょう。もちろん、味つけしないで食べるのもOKです。

調味料の使い方

どの調味料をどう混ぜるか、また、どの料理に使うかはまったく自由です。いろいろ試してみるのも楽しいもの。

調味料の種類

卓上には、酢、しょうゆ、ラー油、からしが出ているのが一般的。回転台にのっているので、自分の前に回して使います。

Q 取り皿がなくなったら？

A ひとつの料理に1枚の取り皿を使うのが基本です。取り皿がなくなったら遠慮なく、お店の人に頼んで持ってきてもらいます。

Q 取り分けにくい料理は？

A 取り分けにくいものは、お店の人に頼むといいでしょう。魚を丸ごと蒸したものやスープなどは頼まなくても、たいがいは取り分けてくれます。

Q 遠慮がちな人には？

A 料理は自分で取り分けるのが原則ですが、遠慮がちな人や目上の人には、取り分けてあげるのもいいでしょう。

Q 料理が足りなくなったら？

A 料理が足りなさそうなときは、目上の人に譲りましょう。途中で足りなさそうだと気づいたら、少しずつ取って回すようにします。

NG集

中国料理のマナーは比較的おおらかですが、
不快なことやまわりに迷惑をかける振る舞いはタブーです。

グラスを回転台に近づけて置く

グラスは取り皿の近くに寄せて置き、回転台からサーバーなどがはみ出していても引っかからないように気をつけます。ビール瓶や徳利なども同様。

回転台を勝手に回す

ほかの人が料理を取り分けているときに、回転台を回してはいけません。回転台を回すときは、まわりをよく見てからにすること。

立って取り分ける

遠くの料理を立って取り分けるのは見苦しいもの。回転台を回して、自分の前に寄せてから取り分けます。

サーバーをはみ出して置く

サーバーが飛び出していると、回転台を回したときに、お酒の瓶やグラスなどに引っかかって倒してしまうこともあるので注意します。

好きな具ばかりを取り分ける

嫌いなものを無理して取り分けることはありませんが、好きなものばかり偏って取り分けるのはNG。具はバランスよく取り分けるのが基本です。

食べ終わった器を回転台に置く

食べ終わった器が回転台にのっているのは不快ですし、自分の器がぐるぐる回っているのは恥ずかしいもの。無意識で置かないように気をつけて。

中国料理のマナー

スープを器から飲む

スープの器を手に持つのはＮＧですし、口をつけて飲むものではありません。小鉢に取り分けられますが、日本のみそ汁の感覚で飲まないこと。

たくさん取り分ける

好きな料理だからと、あとの人のことを考えずに取り分けるのは禁物。１周目は少なめに取り分け、料理が残っていたら自由にお代わりしましょう。

音を立てて食べる

日本料理と違って、音を立てて麺類を食べるのは×。麺をすすり上げなくていいよう、ちりれんげを使いましょう。

取り分けた料理を残す

満腹になってきたら取り分ける量を調節し、食べたい人に譲るのがマナー。取り分けておいて残すのはよくありません。

のんびり取り分ける

取り分けに時間をかけすぎるのはタブー。取り分けづらい料理のときは、適当なところでやめて、次の人に回します。お代わりのときに、ゆっくり取るといいでしょう。

料理の皿を動かす

大皿は手に持って移動するものではありません。大皿が遠いときは、自分の取り皿を近づけて取り分けます。

中国料理の流れと食べ方

中国料理のコースの流れと、それぞれの料理の食べ方をマスターしましょう。
中国料理は基本的には箸で食べますが、殻をむいたり、包んだりと、手を使う料理もあります。

前菜

くらげ、棒々鶏、焼豚、野菜など、数種類の冷製料理を盛り合わせてあるのが一般的。盛りつけにも工夫が凝らされています。

●均等に取り分ける●

盛られているものを、すべて均等に取り分けます。好きなものだけをたくさん取るのはNG。

Q 料理が残ったら？

A 大皿に料理が残ったときは、そのまま回転台に置いておいてかまいません。次の料理が出てきても、食べられる人が好きなときに取り分けて食べます。

!! 突き出し

中国料理でも、料理の前に突き出し（お通し）が出ることがあります。お酒を頼むと、ザーサイやピーナッツなどが盛られた小皿が一緒に出てきたり、あらかじめテーブルに置かれていることもあります。食事の間に自由に食べましょう。

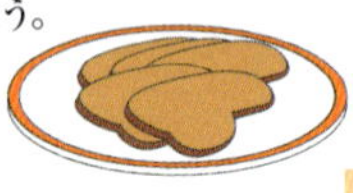

湯

フカヒレや干しあわびといった高級食材を使ったスープは前菜の次に出ます。卵や野菜などの軽いスープは主食の前に出ます。

●食べ方●

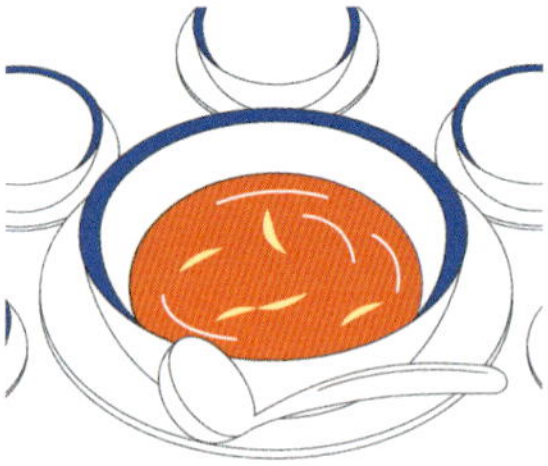

1 大鍋や大きいボウルで出ます。目下の人が全員分を取り分けて回すといいでしょう。または、お店の人に取り分けを頼みます。

2 器をテーブルに置いたまま、ちりれんげで具とスープをすくって飲みます。大きい具は箸を使ってもかまいません。

3 左手は器に添えましょう。こぼしそうだからと背中を丸めて飲むのはNG。姿勢を正して飲みます。

えびのチリソース煮

おなじみの料理ですが、殻付きのえびが使われることがあります。

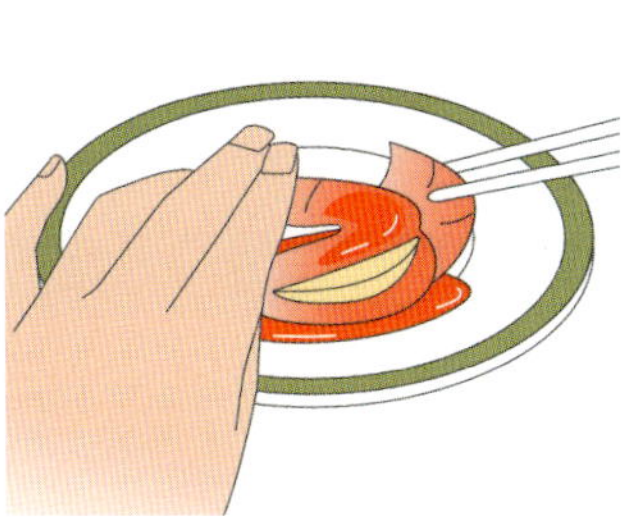

えびにソースが絡まっているので、なるべく手を汚さないように、左手でえびの頭を押さえ、箸で殻をむいて食べます。箸でむけないときは両手を使ってもいいでしょう。

蒸しえび

新鮮なえびにサッと火を通した料理です。えびは頭や殻のついた丸ごと出てきます。

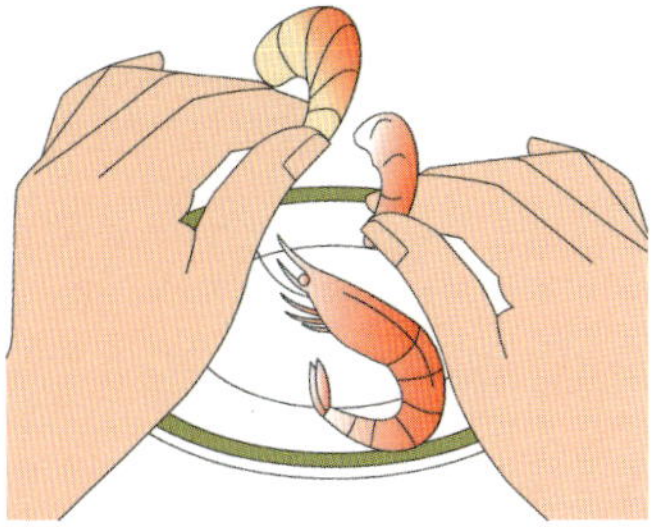

まず、えびの頭をむしり取り、殻をむいて足を除きます。そのまま手で食べましょう。殻などは、殻入れがあれば入れ、なければ取り皿の隅にまとめておきます。

Q むきえびのチリソース煮を食べたいときは？

A 日本でおなじみの、むきえびを使ったチリソース煮は、中国語で「干焼《カンシャオ》蝦仁《シャーレン》」といいます。車えびや大正えびを使ったものは「干焼明蝦《カンシャオミンシャー》」といい、殻付きで出てきます。注文の際に中国語を確かめるか、お店の人に確認するといいでしょう。

!! 殻入れ

殻付きえびなどの料理が出るとき、殻入れ用の器が添えられることがあります。その場合は、殻などをこの器に入れましょう。ふたりでひとつの器を使うこともあります。

中国料理の高級食材

ツバメの巣、フカヒレ、干しあわびといえば、中国料理の3大高級食材で、本場・中国では、これらの食材が使われている宴席は上等なものとされています。ツバメの巣はスープやデザート、フカヒレは姿煮やスープ、干しあわびは前菜、スープ、炒め物などに、主に使われます。

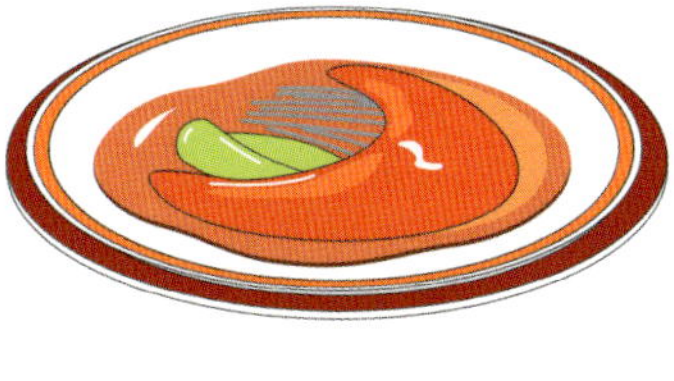

主菜

肉、魚介、野菜などの料理が、味つけや調理法が重ならないようにして4～5品出ます。とくに食べづらいものについて説明します。

かにの爪の揚げ物

かにの爪に衣をつけて揚げたものです。

1 箸で切るのは難しいので、爪の部分を手で持って、そのまま食べます。

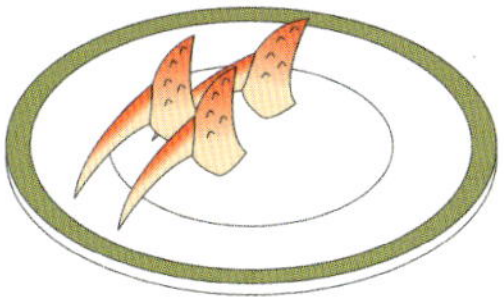

2 食べ終わったあとの爪の部分は、自分の取り皿の隅にまとめておきます。

!! フィンガーボウル

手が汚れる料理にはフィンガーボウルが出てきます。中国式は、油分やにおいを落とすために、プーアール茶などの中国茶が入っていることがあります。西洋式と同様、片手ずつ指先を洗って、ナプキンで拭きます。

中国料理の流れと食べ方2

主菜、主食、点心までの流れです。主菜は食べにくいものについて説明します。

魚の姿蒸し

白身魚を蒸して、ねぎやしょうがなどの薬味をたっぷりのせた料理です。たいがいはお店の人が取り分けてくれます。

各自が取り分ける場合は、上の身から取り、頭と骨をはずして、下側の身を取ります。魚をひっくり返すのはＮＧ。

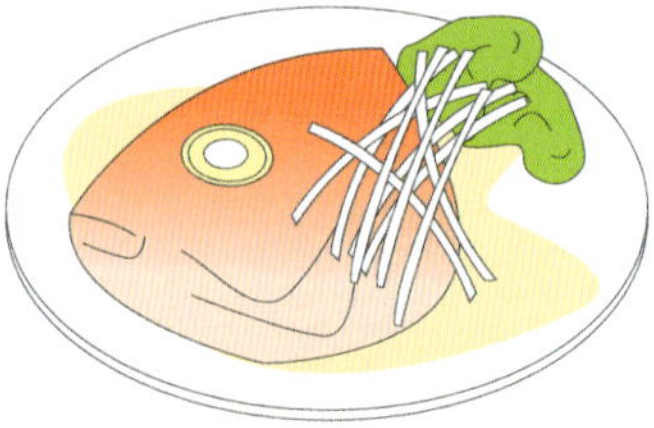

頭は最高においしいところなので、主賓や目上の人に差し上げます。ただし、苦手という場合は好きな人がいただいていいでしょう。

魚の骨が口に入ってしまったら、さり気なく手で受けて出し、取り皿の隅にまとめておきます。

北京ダック

北京料理の代表的なもの。一見難しそうに見えますが、食べ方は簡単です。お店によっては、給仕の人が包んでくれるところもあります。

1 北京ダックは、包む皮と具、みそが別々の器に盛られて出てきます。みそは2種類出る場合もあります。

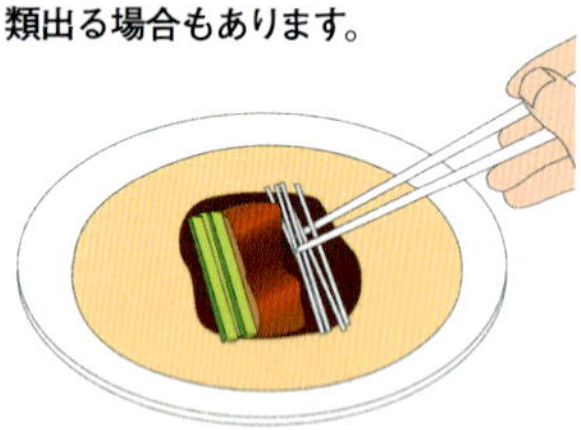

2 取り皿に、箸で包む皮を1枚取って広げ、みそを塗り、北京ダックとねぎやきゅうりなどをのせます。

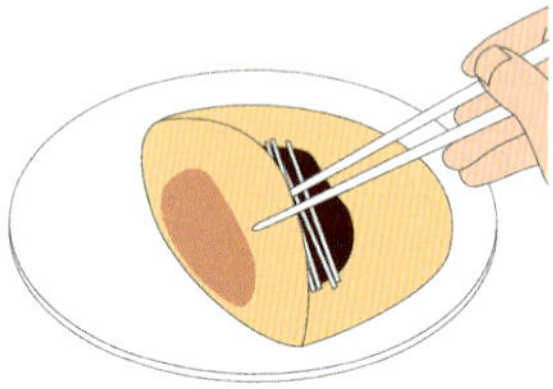

3 まず半分に折ります。

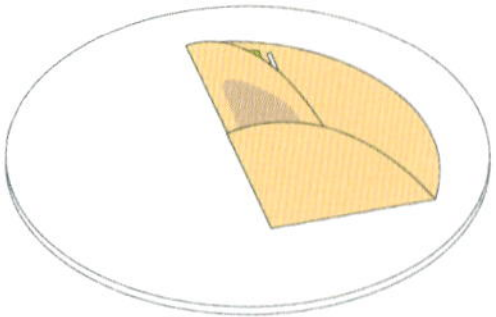

4 下側を折って、右側を折ります。下側をきちんと折らないと、食べるときにみそがたれるので注意。

5 包んだら、手で持って、開いているほうから食べます。

本場中国では

食べ方は変わりませんが、日本のように皮だけをそぐのではなく、肉まで切り分けてあるからボリュームたっぷり。丸ごと運んできて、その場で切り分けて見せることもあります。また、残った肉を調理して出してくれるサービスもあります。

杏仁豆腐《あんにんどうふ》

甘い点心の代表格。添えられているスプーンですくって食べます。プリンやゼリーもスプーンで食べます。

ライチー

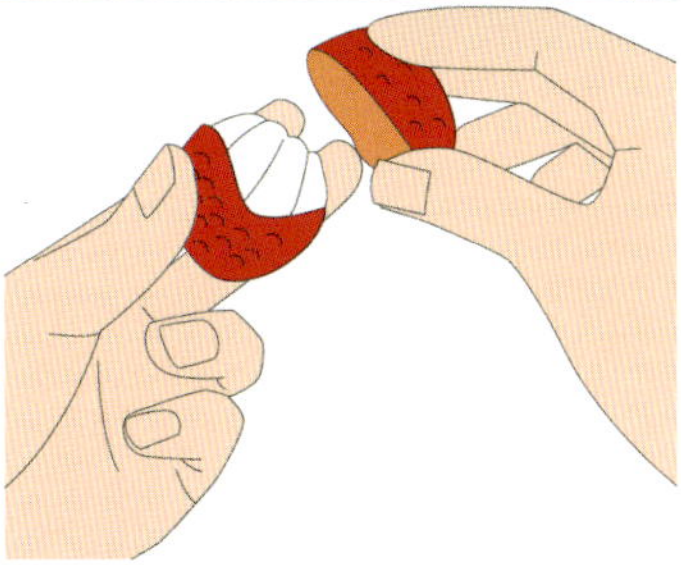

1 中国のフルーツといえばライチーです。まず、皮を半分ほどむきます。

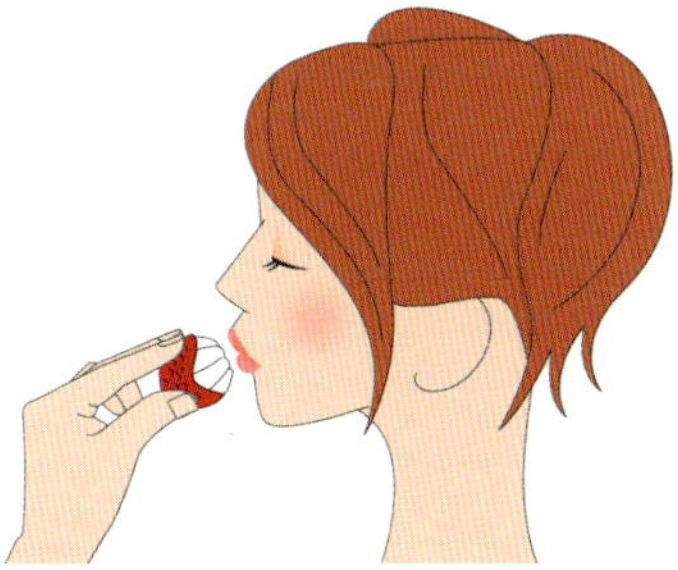

2 口元で中身を押し出して食べます。種があるときは、手で受けて出します。

点心

点心とはデザートのことですが、甘いものだけではありません。春巻やシュウマイなど塩味のものも点心です。

春巻

左手で押さえ、箸で切って食べます。

Q 箸で切れないときはどうする？

A 箸で切れない場合は無理をせず、かみ切ってもいいでしょう。中の具が熱いので注意。

中華まんじゅう

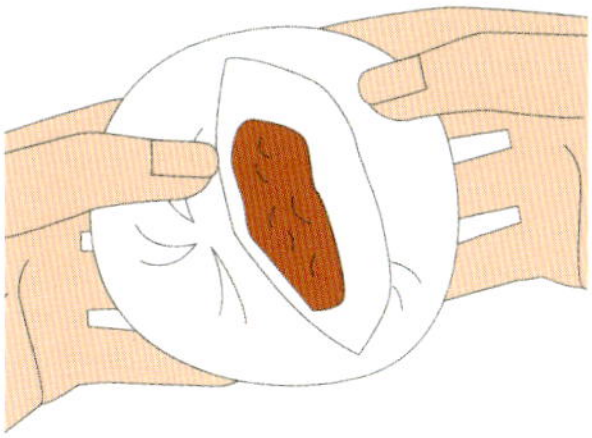

手で真ん中から割り、食べやすい大きさにちぎって食べます。熱々の場合があるので、持つときに注意を。

主食

ご飯ものや麺類などの主食も大皿や大鉢で出るので、取り分けて食べます。麺類は、たいがいお店の人が取り分けてくれます。

麺類

汁のある麺はちりれんげで受けながら食べ、汁を飲むときは、右手にちりれんげを持ち替えます。焼きそばはそのまま箸で食べます。

炒飯《チャーハン》

右手にちりれんげを持って食べます。器は左手で持ってもかまいません。また、お粥も同様にして食べます。

ご飯

白いご飯は、日本のご飯と同じように、左手で器を持ち、箸で食べます。

中国茶の楽しみ方

中国茶は実に種類が豊富で、日本でも、最近はいろいろな葉をそろえているお店が増えてきました。中国料理では、お酒を飲まない人は、最初からお茶を頼んでもかまいません。

中国茶の種類

料理と一緒に、または料理のあとに、中国茶を味わうのは楽しみのひとつです。本場、中国では、料理を食べながら何杯もお茶を飲む光景がよく見られ、中国茶には油を洗い流す効果があるともいわれています。

お茶の種類が多いので、どのお茶にするか、お店の人と相談して選ぶといいでしょう。

中国茶の飲み方

中国茶は、たいがい大きな急須で出てきます。何杯でもお代わり自由なので、急須を回転台にのせておき、自分でついで飲みます。

自分でついで飲むのが基本です。

自分の分だけでなく、両隣の人にもついであげましょう。

中国茶の種類と特徴

●緑茶●

日本の緑茶に似ているさわやかな味わい。不発酵茶《ふはっこうちゃ》です。

●白茶●

軽く発酵させるお茶で、ソフトな味わい。生産量が少ない希少価値の高級茶。

●黄茶●

弱発酵させたあとに、後発酵させる独特の製法のお茶。白茶同様、高級茶です。

●青茶●

半発酵させたお茶で、日本でもおなじみのお茶。代表格は烏龍《ウーロン》茶《ちゃ》や鉄観音《てっかんのん》茶《ちゃ》。

●紅茶●

完全に発酵させたお茶で、ややスモーキーな香りがします。キームンが有名。

●黒茶●

後発酵させて熟成させたお茶で、プーアール茶が代表格。

●花茶●

花の香りをつけたり、花そのものが入ったお茶。ジャスミン茶が有名。

お代わりのサイン

お茶がなくなったら、ふたをずらすか、ひっくり返してのせておきます。こうしておくと、わざわざ頼まなくても、お店の人が気がついてお代わりを持ってきてくれます。

ふたをずらしてのせる

ふたをひっくり返してのせる

ふた付き茶椀での飲み方

中国茶はふた付きの茶椀で出される場合もあります。中に茶葉も入っているので、日本茶のようにふたを取って飲むと、茶葉が口に入ってきます。受け皿ごと取り上げ、ふたをずらして、そのすき間から飲むのが正式なマナーです。お湯のポットが出ていれば、自由にお代わりができます。

お代わりをするときは、ふたを開け、ポットからお湯を注ぎます。ふたをして、少し蒸らしてから飲みましょう。

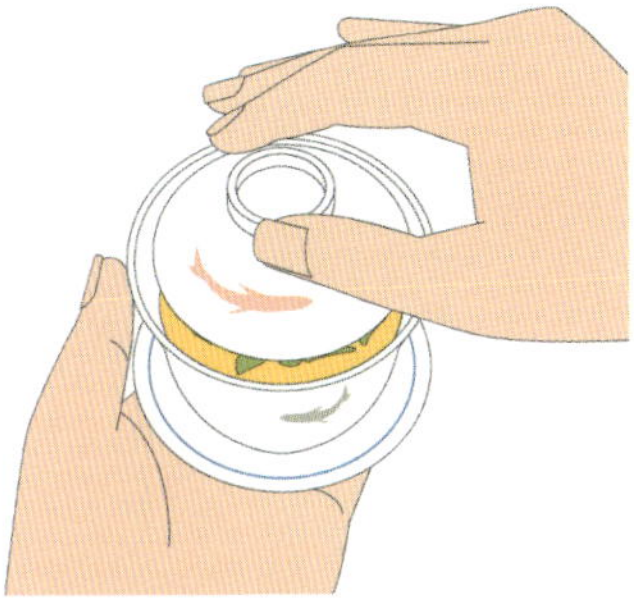

左手で受け皿ごと持ち（熱くなければ茶椀を持ち）、右手でふたを少しずらします。ふたで茶葉を押さえるようにしながら、そのすき間から飲みます。

飲茶の楽しみ方

飲茶はお茶を何杯も飲みながら、点心をつまむ食のスタイルです。点心のほかに麺類などの軽食もあるので、食事の合間のティータイムに利用するだけでなく、朝食やランチ代わりに利用するのもいいでしょう。点心の頼み方で量を自由に調節できます。

オーダーのしかた

● ワゴンで

昔ながらのスタイルのお店では、点心をのせたワゴンが店内をぐるぐる回っています。その場でのぞいて好きなものを取ります。

● オーダーシートで

新しいスタイルのお店では、オーダーシートがテーブルに置いてあります。注文するものにチェックと皿数を入れて、お店の人に渡します。

点心の主なメニュー

● 塩味の点心

餃子、シュウマイ、春巻、ショウロンポウ、中華まんじゅうなど。

● 甘い味の点心

杏仁豆腐、マンゴープリン、ごま団子、カメゼリーなど。

会計のしかた

食事のあとの支払いは、スマートにすませましょう。だれがごちそうするかでもめたり、割り勘でもたもたしないこと。会計には、お店によってテーブル席でする場合と、レジでする場合とがあります。

テーブルでする場合

お店の人に「お会計お願いします」と言ったり、文字を書くしぐさをすれば、計算書を持ってきます。内容を確認し、間違いなければトレーにお金やクレジットカードをのせて渡します。

レジでする場合

支払う人が早めに席を立って支払います。レジの前に何人もかたまっているのは、まわりへの迷惑になるので、そのほかの人はお店の外に出て待ちましょう。

ごちそうするとき

親しい間柄であれば、「ごちそうするわ」と告げて支払えばいいでしょう。招待や接待の場合は、トイレに行く振りなどをして、そっと支払いをすませるのがスマートです。もしくはゲストが席をはずしている間にすませます。

割り勘のとき

レジで支払う場合は、代表者がすませ、店を出てから割り勘にするのがベターです。レジでひとりずつ精算するのは時間がかかるので、避けたほうがいいでしょう。もしくは、席でお金を出し合って代表者が支払います。割り勘とわかっていれば、細かいお金を用意していきます。

!! ごちそうしてもらうとき ×

親しい間柄であっても、支払っているそばで見ているのはマナー違反。お礼を言ってお店の外に出て待っています。支払った人が出てきたら、改めて、ていねいにお礼を述べましょう。

Q 飲んでないのに割り勘？

A お酒を飲めない人にとっては、割り勘を不公平に感じるかもしれません。金額を低くするなど、まわりの人が申し出てあげるといいでしょう。最初から金額の決まっている会費制の食事会の場合はしかたありません。

第4章

立食パーティーのマナー

比較的自由に振る舞える、立食スタイルのパーティーが
開かれることが多くなりました。
パーティーのマナーを守りつつ、華やかな雰囲気を盛り上げるよう、
積極的に楽しみましょう。

立食パーティーの流れ

立食パーティーは比較的自由なスタイルのパーティーですが、そのぶん節度のある振る舞いをしたいもの。主催者の意を汲み、パーティーを盛り上げるよう気を配って、エレガントに振る舞いましょう。

出欠の返事をする

招待状が届いたら開催日時や場所を確認し、出欠の返事が必要な場合は、期日までに返信します。その際、「お招きありがとうございます」「おめでとうございます」「残念ながら先約があり…」など、出欠の返事にひと言添えると感じのいいものです。また、仕事上の発表会や忘年会、結婚披露宴の二次会、祝賀会など、パーティーが開かれる目的をきちんと把握しましょう。

出欠の返事が必要な場合は、早めに、忘れずに出します。

パーティーの服装

パーティーの目的に合わせて服装を考えます。カジュアルな集まりであっても、普段着はNG。目的を汲みつつ、パーティーらしい華やかさを添えるようにしましょう。

ヘア

食事のじゃまにならないスタイルにします。ロングの人はまとめて。

パンツもOK

エレガントに装うのであれば、パンツスタイルもOKです。

靴

カジュアルなものを避け、パンプスなどを選びます。2時間立ちっぱなしなので、ヒールは太めのほうがラク。

バッグ

食事をするときに両手を使えるよう、ショルダーかハンドバッグがベター。小ぶりのものを選びます。

会場に到着したら

コートを着ていたり、バッグ以外の荷物がある場合は、まずクロークに寄って預けます。そのあと受付をすませます。トイレや電話などは、入場前にすませましょう。会場に入ったら、飲み物を取って、パーティーが始まるのを待ちます。

●クローク●

会場に持ち込むのは、貴重品の入った小さいバッグだけにします。大きいバッグや荷物、コートなどはクロークに預けます。

●受付●

芳名帳があれば記帳します。仕事関係のパーティーであれば名刺を求められることがあるので忘れずに。

●入場●

会場に入ったら、まず飲み物のカウンターで好きな飲み物を取り、パーティーが始まるまで歓談をして待ちます。

会費制の場合は、会費を支払います。封筒にぴったりの現金を入れていきましょう。前もって金額がわかっているのに、おつりを要求するのは×。

立食パーティーの種類

●ビュッフェパーティー●

一般的な立食パーティーで、大皿に盛られた料理を、各自が取り分けて食べるスタイルです。

●カクテルパーティー●

カクテルなどの飲み物と、オードブルやサラダなどの軽食が出るパーティーです。

●レセプション●

外国公大使などが主催する公式のパーティーで、礼服の着用が必要な場合もあります。

Q　遅刻をしても大丈夫？

A　立食パーティーの出入りは比較的自由なので、時間ぴったりに到着しなくてもかまいません。ただし、主催者側のスピーチが終わったあとに到着というのはNG。食事をしに行くわけではないので、10分程度の遅れにとどめましょう。

××××NG××××

立ち止まってはいけない場所

●出入り口●

あとから入場する人の迷惑になるので、会場の中へ速やかに移動します。

●会場の隅●

壇上の前がガラ空きで、隅に人がかたまっているのはいただけません。

●料理テーブルの前●

すでに料理の前に陣取っているのは恥ずかしいものです。

!!　出席の返事をしたのに欠席する場合

急用や体調不良などで、急きょ欠席する場合は、なるべく早く主催者に伝えてお詫びを述べましょう。出欠の返事のいらないパーティーであれば、欠席は自由です。

立食パーティーの流れ 2

いよいよパーティーの始まりです。最後まで楽しく過ごしましょう。

パーティーが始まったら

パーティーは主催者のあいさつから始まり、スピーチや乾杯のあと、歓談と食事へ進みます。

パーティーの種類によってはゲームなどが催されることもあります。

●あいさつやスピーチを聞く●

あいさつやスピーチが始まったら私語をやめて、きちんと聞きます。グラスを持ったままでかまいませんが、終わったらグラスをサイドテーブルに置いて拍手をします。

●乾杯する●

1

乾杯のスピーチが始まったら、飲み物の入っているグラスを用意し、「乾杯」と言いながら、グラスを目の高さまで持ち上げます。

2

ひと口飲んだら、グラスをサイドテーブルに置いて拍手をします。飲み物は自分の好きなものでかまいません。

●歓談と食事●

乾杯が終わると、歓談と食事の時間になります。料理を取り分けたり、飲み物のお代わりをして楽しみますが、パーティーの目的は客同士の交流にあります。楽しく歓談するよう努めましょう。

パーティーで会話を楽しむコツ

知らない人にも積極的に話しかけ、自己紹介をしあって交流しましょう。

自己紹介のしかた

主催者とどういう知り合いであるか、どういう関係でパーティーに呼ばれているかを紹介しあうと、話の糸口がつかみやすくなります。

話題の選び方

「先ほどのスピーチはよかったですね」と、パーティーの感想などから話し始めると自然です。仕事の集まりであれば名刺交換をしたり、嫌味にならない程度に自己ＰＲをするのもいいでしょう。

話題のタブー

結婚の有無や家族のことなど、プライベートな話題は、相手が自分で話さない限り聞かないものです。政治や宗教など、議論になりそうな話題も避けます。そのパーティーの目的に合った話題を選ぶよう心がけましょう。

早退するときは

主催者にそっとあいさつをして、目立たないように引き上げます。主催者が忙しそうなときは黙って帰ってもＯＫ。あらかじめ早退するのがわかっているときは、出欠の返事にひと言添えておきましょう。

ゲームに参加する

71
BINGO

パーティーによってはビンゴなどのゲームやプレゼントの抽選会など、楽しい催しが用意されていることがあります。積極的に参加して楽しみ、パーティーを盛り上げましょう。

主催者へのあいさつ

今日はお招き
ありがとうございます

歓談タイムの途中で、主催者にあいさつに行き、招いてもらったお礼などを述べます。主催者にはいろいろな人から声がかかるので、長い時間、引き留めないよう心づかいを。

××××××××NG××××××××

勝手に料理を取り分ける

パチ
パチ

料理は、主催者側が「歓談をお楽しみください」と言ってから取り分けます。スピーチの間に勝手に食べているのはもってのほか。

仲間うちでかたまっている

親しい者同士で話に花が咲くことがありますが、個人的な飲み会ではないので、ほどほどに。会場内を移動して、いろいろな人と交流することを心がけます。

食べてばかりいる

次は
ローストビーフね
会費分は
いただかなくちゃ!!

遠慮して料理を残すのはもったいないことですが、黙々と食べることに専念しているのは恥ずかしいもの。交流することを忘れずに。

ひとりでポツンとしている

ポツン…

「壁の花」は美しい形容詞ではなく、パーティーではマナー違反です。人に声をかけてもらうのを待つのではなく、自分から積極的に動きましょう。近くにいる人に「すてきなパーティーですね」などと声をかけてみては。

飲み方・食べ方のマナー

立食パーティーは自由に飲んだり食べたりして楽しむものですが、見苦しい振る舞いや恥ずかしい行為をしないように注意。パーティーにふさわしい、洗練された雰囲気で振る舞いましょう。

飲み物の管理は自分で

飲み物のお代わりは自由なので、自分で飲み物のカウンターに取りに行きます。グラスは常に持ち歩いて、人のものと混同しないように。歓談中や料理を取ったり食べたりしているときも持っているのが基本です。

●置くときはテーブルへ●

グラスを置きたいときは、近くのサイドテーブルに置きます。料理のメインテーブルに置くのはNG。

●マイグラスの目印を●

テーブルにグラスがたくさん置いてあって、自分のがわからなくなりそうなときは、ナプキンを自分流に折って敷いておきます。ナプキンを敷いておけば下げられることもありません。

●接客係からもらっても●

会場内を回っている接客係が新しいお酒を持っていれば、その中から好きなものをもらいます。接客係に頼んで、飲み物を持ってきてもらうのはNG。

●飲み終わったら●

飲み終わったグラスは、テーブルの隅にまとめて置きます。料理のメインテーブルに置かないこと。

飲みかけを放置する

飲みかけのグラスを、あちこちに置きっ放しにしないこと。マイグラスをしっかり管理して、飲み終わってから新しいグラスをもらいます。

飲みすぎる

飲み物を自由に飲めるといっても、飲みすぎて酔っ払うのは恥ずかしいもの。ほどほどにとどめましょう。

●取り皿とフォークの持ち方●

料理を取り分ける前に、取り皿とフォークを持ちます。皿を左手で持ち、フォークは皿の下で指にはさみます。あいている右手で料理を取り分けます。

●料理を片手で取る●

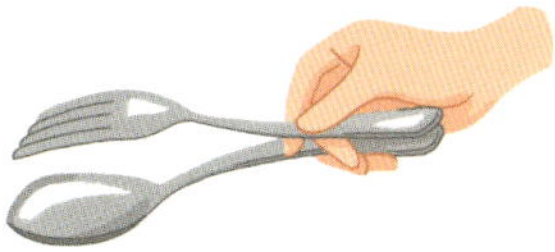

1　フォークは背を上にして親指と人差し指で持ち、フォークとスプーンの間に中指を入れ、薬指と小指でスプーンを下から支えます。

2　フォークを持ち上げて料理を取り、しっかりはさんで、取り皿まで移動します。

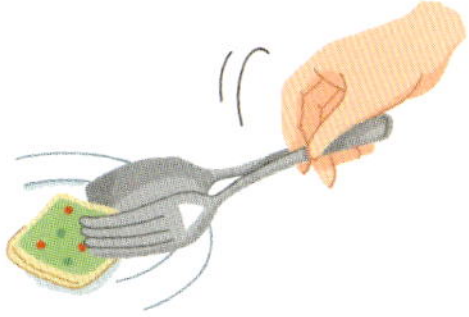

3　フォークとスプーンを横にし、フォークを開いて、料理を取り皿に移します。

●両手で料理を取る●

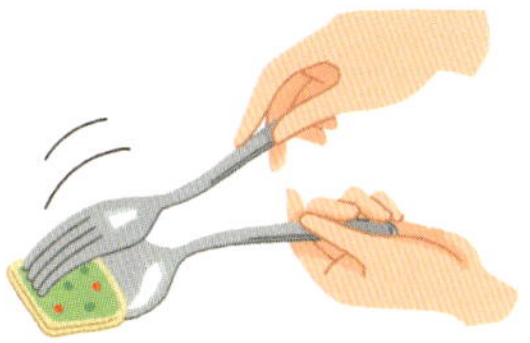

片手で取るのが難しそうなときは無理をしないこと。取り皿をテーブルに置き、左手でスプーン、右手でフォークを持って料理を取ってもOKです。

1回に取り分ける量

1回に取り分ける量は、取り皿1枚に2～3品の料理が適当です。1枚に山盛り取り分けたり、1回で何枚も取り皿を使うのはマナー違反。

料理の取り方

歓談タイムになったら、自由に料理を取ってきて食べます。ただし、取り方にはルールがあります。出席者の人数が多いパーティーほどルールを守って、全員がスムーズに取れるように配慮しましょう。

●混んでいるときは待つ●

最初のうちは取り分ける人で混雑するので、歓談をして待ちましょう。人を押しのけてまで駆け込むのは恥ずかしいものです。

●取り分ける順番●

パーティーの料理は、西洋料理のコースの流れに沿って並んでいます。オードブルから取り分け、メインディッシュ、デザートへと進んでいきます。

●列に並ぶ●

混んでいるときは、列に並んで待ちましょう。オードブルが混んでいるからと、いきなりメインディッシュやデザートから取り分けるのはＮＧ。

飲み方・食べ方のマナー 2

料理は立ったまま食べるのがマナーです。背すじを伸ばした美しい立ち姿で食べるようにしましょう。

料理の食べ方

グラス、取り皿、フォークは左手でまとめて持つのが基本です。飲んだり食べたりするときは、右手でグラスやフォークを持ちます。

片手で持つ場合

手のひらにグラスをのせ、指先で取り皿を持ち、取り皿の下でフォークを指ではさみます。

ワイングラスは安定が悪いので、取り皿の上にのせて親指と人差し指で押さえます。フォークは取り皿の下で、薬指と小指で持ちます。

両手で持っても

片手で持つのがスマートではありますが、無理であれば両手で持ってもかまいません。料理を食べるときは、近くのサイドテーブルにグラスを置きます。

ナプキンの使い方

口や手を拭くときは、テーブル上に置かれている紙ナプキンを使います。グラスの底に添えられている紙ナプキンはコースターの代わりなので、口や手を拭くときには使いません。

食べ終わった取り皿の片づけ方

食べ終わった取り皿は、テーブルの隅にまとめておきます。基本的には重ねないほうがいいのですが、場所をとるようなら重ねてもいいでしょう。

お代わりは自由に

料理は何回取りに行ってもかまいません。コースの流れに沿って、デザートまで楽しみましょう。遠慮しすぎて、料理が大量に残ってしまうのは、主催者にとっては残念なものです。

Q スピーチの間に食べていい？

A 歓談タイムの合間に、スピーチが始まることがあります。スピーチの間は食事や歓談を控えめにましょう。飲み物を飲むのはかまいません。

Q 座って食べてもいい？

A 疲れたら、ちょっと休憩するために座るのはＯＫです。ただし、立食パーティーは基本的に立っているものなので、長居は禁物。

Q どこに立って食べればいい？

A 料理テーブルや飲み物カウンターのそば、出入り口の近くなど、人のじゃまになるところを避ければＯＫ。ただし、会場の隅にかたまらず、サイドテーブルのそばなどに適度に散らばって。

Q タバコを吸っていい？

A たいがいのパーティーでは禁煙なので、会場の隅や出たところに喫煙スペースを設けてある場合があります。吸いたいときは接客係に確認を。

Q 人の分まで取ってあげるもの？

A 立食パーティーはセルフサービスが基本なので、取って来てあげる必要はありません。ただし、目上の人には取ってきてあげてもいいでしょう。

Q お酌は必要？

A お酌は絶対必要なものではありませんが、親交を深めるためにしてもいいでしょう。その場合は、サイドテーブルの上に置かれているビールをつぎます。

NG集

パーティーではエレガントに、スマートに振る舞うよう心がけましょう。

人の分まで取って来る

立食パーティーでは、人の分まで取り分けてあげるのが礼儀ではありません。セルフサービスが基本です。ひとりで何枚もお皿を持っているのはＮＧ。

列や流れを無視して料理を取る

並んでいる列に割り込むのはもってのほかですが、空いているからとメインディッシュやデザートから取り分けるのはＮＧ。料理の流れに沿って取りましょう。

取り分けたものを残す

料理は食べられる分だけ取り分けるのがマナーです。おなかの具合を考えて取り分けましょう。取り分けた分は、できるだけ残さないこと。

好きなものばかり取る

同じ料理ばかりをたくさん取り分けるのはマナー違反。全員にいきわたるように、少量ずつ、すべての料理を取るようにしましょう。

取り分けるのが遅い

混雑しているときはとくに、後ろの人を待たせすぎないこと。スプーンやフォークを両手で持ってスピードアップするとか、取りにくい料理はパスして、あとでゆっくり取りに行くなどの配慮を。

ひと皿に大量に盛りつける

何回も取りに行くのはめんどうだからと、山盛りに取り分けるのはみっともないもの。ひと皿に２～３種にとどめ、何回も取りに行くほうがスマートです。

立食パーティーの

椅子にバッグを置いて確保する

料理が出たら座ろうと、バッグで席を確保するのは非常に恥ずかしい行為です。パーティーの間は一度も座らないぐらいの心構えで出席しましょう。

ひと皿を使い回す

せっかくの料理を楽しむためには、味が混ざらないよう、そのつど新しい取り皿を使いましょう。

椅子に座りっぱなしでいる

会場の隅に置かれている椅子は、ちょっと休憩するためのもの。座ったままでいるのはマナー違反です。休憩したい人や目上の人のために、必ず席を空けておきます。

歩きながら食べる

立食パーティーとはいっても、食べるときは立ち止まるのがマナー。歩きながら食べるのは、恥ずかしい振る舞いです。

使い終わった食器を料理テーブルに置く

使い終わった食器は会場内のサイドテーブルの隅にまとめておきます。料理テーブルの上に置くのは絶対タブー。

サイドテーブルを仲間で独占する

会場内に配置されているサイドテーブルに仲間同士でかたまって、独占するのはNG。だれもが気軽に使えるように気配りしましょう。

パーティーの終わりとお礼

立食パーティーは、2～3時間で終了するのが一般的です。最後のあいさつまできちんと聞き、そのあとはパーティーの余韻を楽しみつつ、速やかに退出しましょう。

退出のしかた

閉会のあいさつをもって、パーティーは終了します。主催者のあいさつが始まったら、飲んだり食べたりするのをやめ、食器はテーブルに置いて、あいさつを聞きます。そのあとに料理が残っている場合など、主催者側から「もう少しお楽しみください」と言われることがありますが、適当な時間に引き上げましょう。

会場を出るときは、主催者やスタッフに必ずあいさつをし、お礼やパーティーの感想などを述べて引き上げます。

××××NG××××

あいさつを聞かずに退出する

閉会のあいさつを聞かず、歓談タイムが終わったら、そそくさと帰ってしまうのはマナー違反。

ぐずぐず居残っている

主催者側から「そろそろ…」と促されるまで残っているのは恥ずかしいものです。

二次会に誘われたら

主催者側で二次会を用意していることもあります。必ず出席しなければいけないものではないので、断るときは「ありがとうございます」とまずお礼を述べてから、「今日はこれで失礼させていただきます」と断りましょう。

お礼状を書く

パーティーのあとに、お礼の言葉やスタッフへのねぎらいの言葉を書いたお礼状を送ります。ハガキでもいいですし、メールでもかまいません。電話は避けたほうがいいでしょう。

第5章

お酒のマナー

お酒は明るく楽しく飲むのが基本ですが、酔ってくると、
ついハメをはずし過ぎてしまうことも。
レストランで、またはバーや居酒屋で、その場に合ったマナーを覚えましょう。

お酒の基本のマナー

お酒にはいろいろな種類があり、どういうシーンで、どのような料理と合わせるかを考えるのは楽しいものです。

まずお酒の種類を知り、基本的なマナーや知識を身につけることから始めましょう。

お酒は楽しく飲もう

お酒を飲むと楽しい気分になり、会話も弾んで場がなごみます。レストランや居酒屋など、どんな場で飲むときも、お酒は楽しく明るく飲むことを心がけましょう。酔っ払いすぎて人に迷惑をかけたり、その場を気まずいものにするような飲み方は禁物です。

食事との相性

お酒と食事は切っても切れない関係にあり、互いを引き立てあう効果があります。一般に、和食にはビールや日本酒、洋食にはワイン、中国料理には中国酒を合わせます。最近は和食にワインを合わせたりと、自由に組み合わせる傾向も高まっています。

お酒の基本マナー

●酔いすぎない●

酔いすぎて騒いだり、暴れたり、具合が悪くなったりするのはＮＧ。人に迷惑をかけないように飲むこと。

●明るく飲む●

グチを言ったり、怒りっぽくなったりする暗いお酒はＮＧ。その場を盛り上げる楽しいお酒にしましょう。

●お酒を強要しない●

適度にお酌をするのはいいですが、強要はダメ。本当に飲めない人に無理強いするのは、もってのほかです。

●飲めなければ断る●

飲めないのに無理につき合うことはありません。明るく断って、ソフトドリンクなど好みのものを。

レストランや料亭でのお酒

レストランや料亭は食事を楽しむところですから、食事をゆっくりと味わいつつ、お酒をほどほどに飲みます。食べるのもそこそこに、お酒ばかり飲んでいるのは、お店に対して失礼なので気をつけましょう。

居酒屋やパブでのお酒

居酒屋やパブは、基本的にお酒を楽しむところなので、メニューもお酒のつまみが中心です。お酒の種類も多く、好きなお酒が楽しめます。とくにルールはないので、自由に飲んで食べて楽しみましょう。ご飯や麺類などの主食も充実しています。

バーでのお酒

バーはお酒をゆっくり静かに楽しむところです。食前や食後に利用し、お酒と軽いおつまみで過ごします。空腹を満たす場所ではないですし、大人数の宴会で盛り上がる場所でもありません。大人の社交場であることを心得ましょう。

お酒の種類

ビール

大麦や麦芽《ばくが》が原料で、アルコール度数は5度前後。発泡性のお酒なので食前酒として、日本料理をはじめ、いろいろな料理に合わせることができます（103ページ参照）。

焼酎

米、麦、芋、そばなどの穀物を原料とした蒸留酒で、アルコール度数は20～25度程度。中には70度と高いものもあります。沖縄の泡盛も仲間です。

中国酒

中国で作られるお酒で、白酒《パイチュウ》、黄酒《ホワンチュウ》などいろいろな種類があります。日本では紹《しょう》興酒《こうしゅ》や老酒《ラオチュウ》が有名（110ページ参照）。

日本酒

米や麹を原料とした醸造酒で、アルコール度数は15～17度程度。大吟醸《だいぎんじょう》、吟醸、純米、本醸造などの種類があり、冷やか熱燗でいただきます（102ページ参照）。

ワイン

ぶどうを原料とした醸造酒で、アルコール度数は12度前後。白、赤、ロゼがあります。同じくぶどうを原料とした発泡性のシャンパンやスパークリングワインも仲間です（106ページ参照）。

その他

ウイスキーやブランデーは40～43度以上という強いお酒で、食後酒として飲まれます。カクテルはお酒に果汁などを合わせたアルコールドリンクです。

日本料理とお酒

会席料理は、お酒との相性を考えてつくられている料理です。最近は、女性だけの集まりでもお酒をたしなむのが当たり前になってきました。遠慮なく楽しみましょう。

お酒をオーダーする

料理のオーダーをするときに、お酒も一緒にオーダーします。一般的にはビールで乾杯をし、そのあと日本酒に移ります。もちろん最初から日本酒でもいいですし、好きなお酒を注文してかまいません。最近は、焼酎やワインを合わせる人も増えています。ただし、乾杯だけはほかの人に合わせたほうがいいでしょう。

会席料理の食前酒

お店によっては、食前酒が小さいグラスで出されることがあります。会席料理の場合は、梅酒や杏酒などの果実酒が多く、ほんのりとした甘さや香りを楽しみます。

日本酒のお酌のしかた

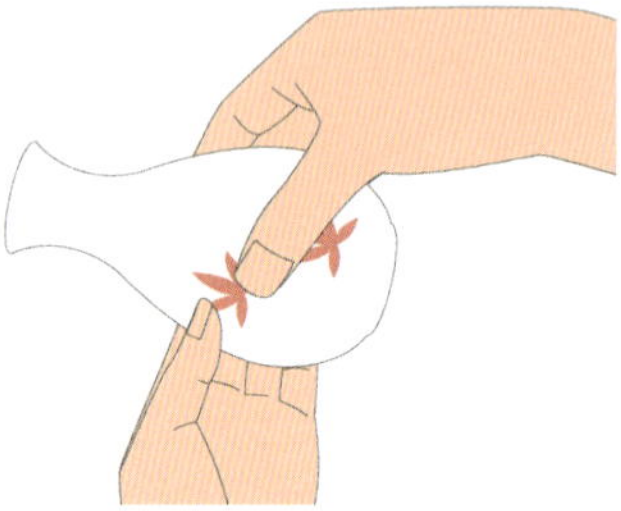

1 お銚子の中央を右手で持ち、左手を添え、「いかがですか？」と声をかけます。お銚子の首を持つのはNG。

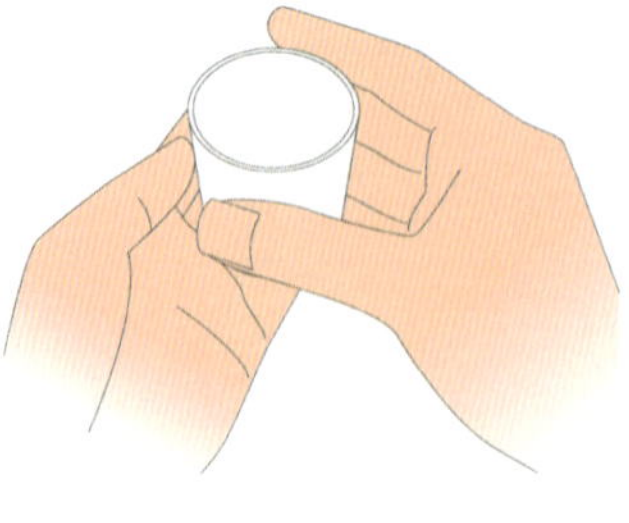

2 受けるほうは、「ありがとうございます」とお礼を言って、杯を右手で持ち、左手を底に添えます。

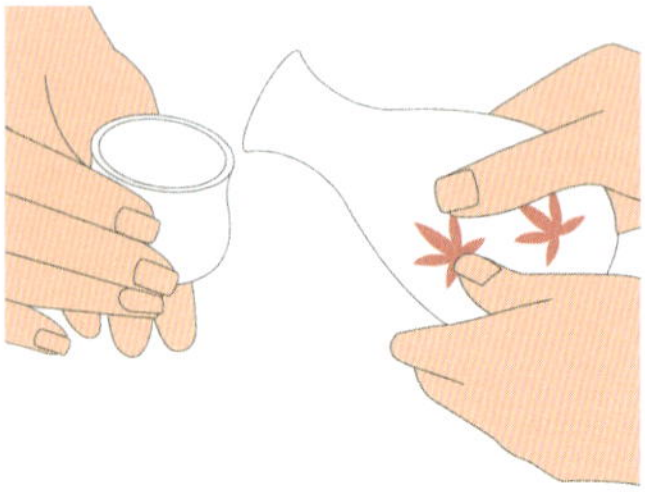

3 少量ずつつぎ始め、だんだん多くして、最後はまた少量にします。杯の8～9分目までつぐようにします。

4 つがれたらひと口飲んで杯を置き、「○○さんもどうぞ」などと声をかけて、お返しをします。

乾杯のしかた

全員にお酒をつぎ終わったら改めてグラスを持ち、「乾杯」と目の高さまで上げて会釈をします。ひと口飲んでからグラスを置きます。飲めない人も、口をつけるのがマナーです。

××××NG××××

グラスを打ち合わせる

改まった席では、グラスを合わせるのは控えます。カジュアルな席ではグラスを打ち合わせてもかまいませんが、繊細なグラスは割れる危険性もあるので気をつけて。

乾杯の前に口をつけない

グラスにお酒をつがれると、つい、そのまま口をつけてしまう人がいますがＮＧです。グラスを置いて待ち、乾杯の音頭で初めて口をつけます。

ビールのお酌のしかた

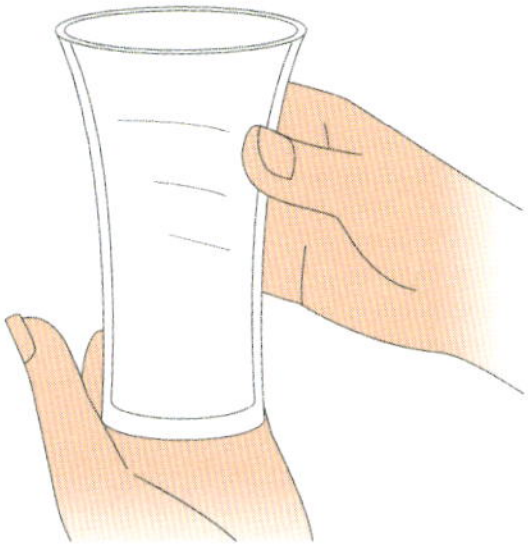

グラスは右手で中央部分を持ち、左手の指をそろえて底に当てます。お酌を受けるとき、グラスを傾ける必要はありません。

ビール瓶はラベルを上にして、右手で瓶の中央をしっかりと持ち、左手を添えます。

上手なつぎ方

1 最初は静かにつぎ始めます。勢いよくつぎ始めると、泡ばかりになってしまうので注意。

2 途中から勢いよくついで、泡をほどよく立てます。

3 最後は泡を持ち上げる感じで、ゆっくりとつぎます。3割ぐらい泡が立てば上出来です。

●お酒やビールがたれてしまったら

お酌をしたときに、お酒がたれてしまったら、懐紙でぬぐいます。懐紙がなければ、おしぼりでもOK。つぎ終わりに、お銚子を少し回すようにすると、たれるのを防げます。ビールも同様。

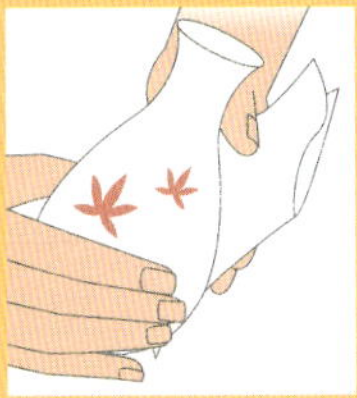

口紅がついたら

グラスや杯に口をつける前に、口元を軽くナプキンで押えます。それでも口紅がついてしまったら、懐紙でそっとぬぐいます。

懐紙を持っていないときは、指でぬぐってもいいでしょう。口紅をつけたままにしておくのはNG。

ます酒の飲み方

冷酒を頼むと、ますで出てくることもあります。ますの角に口をあてて飲みます。両手で持って飲みましょう。

Q 受け皿のお酒はどうする？

A 冷酒は、ますやグラスからあふれるほどつがれることがあります。その場合は、ますやグラスのお酒を飲み干したら、受け皿にこぼれているお酒を移して飲みます。

日本料理とお酒 2

食事の間は、お酌をしたりされたりしながら、適宜お酒を飲みます。冷酒や焼酎などは適宜お代わりを頼みます。

グラスが空になったら

お酌をしてお酒を勧めますが、お酌の途中で、お酒がなくなるのは失礼なので気をつけること。ビール瓶は残量が見えるので、少ししか残っていないものは自分のグラスについで空にします。

お銚子の場合は

お酒の残量が見えないので、持ったときの重さで残量をはかるように気をつけます。

ビールのつぎ足し

ビールはつぎ足すと泡が立たず、味も落ちるので、グラスが空になったところを見計らってお酌しましょう。

飲めない人は

お酒の飲めない人や弱い人は、お酌を断ってかまいません。グラスや杯の上に軽く手をかざし、「せっかくですが」という気持ちをこめて、明るく断りましょう。

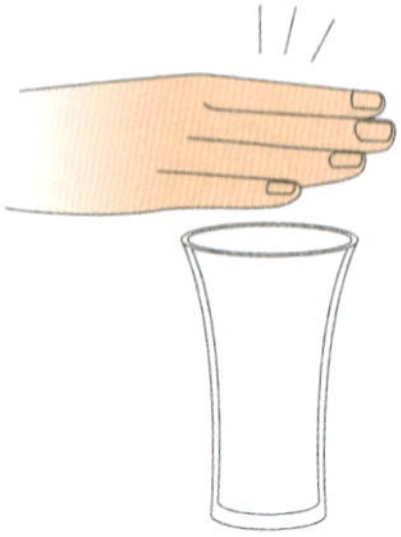

飲めなくても、乾杯のときはほかの人に合わせてお酒でします。「ほんのひと口だけ」と断って、少なめについでもらってもOKです。

お酒の飲み方NG集

酔いが回ってきても、こんな振る舞いには気をつけましょう。

手酌で飲む

カジュアルな席であっても、女性が手酌で飲むのは上品とはいえません。お互いに、お酌をしあって飲みましょう。

ビールをドボドボとつぐ

ビールを最初から勢いよくつぐと、グラスの中が泡だらけになり、吹きこぼれてしまうことがあるので注意。

食べるより飲んでいる

会席料理の席で料理も食べずに、お酒ばかりを飲んでいるのはマナー違反です。次々に運ばれてくる料理を味わいつつ、適度に飲むように気をつけます。

お酒をつぎこぼす

お酒は杯の8～9分目にぴたりとつぐのがマナー。お銚子の残量が少ないとき、傾けすぎてこぼしてしまうこともあるので気をつけます。

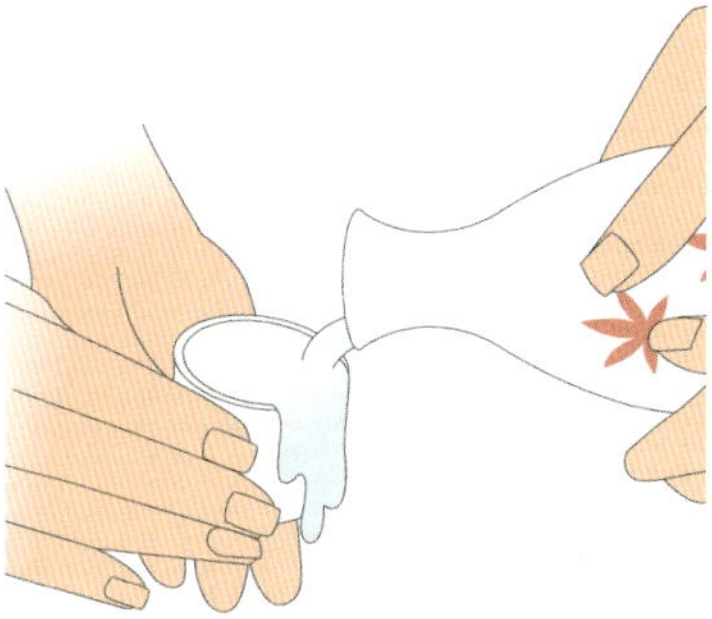

ご飯が出ても飲んでいる

会席料理でご飯や止め椀が出たら、お酒を終わりにするのがマナーです。いつまでも飲んでいるのは見苦しいのでやめましょう。

空のお銚子を倒す

お銚子が空になったサインとして倒しておく人がいますが、改まった席ではマナー違反です。空いたお銚子はわかるようにテーブルの隅にまとめておきましょう。

西洋料理とお酒

フランス料理やイタリア料理では、食事とともにワインを楽しむのが一般的です。ワインは国や産地によっていろいろな種類があるので、料理に合わせて選ぶといいでしょう。ワインの知識も身につけたいものです。

お酒の種類

西洋料理では、料理によって白ワインや赤ワインを合わせ、食前酒や食後酒を頼む場合もあります。基本的には、好きなお酒を好きな料理に合わせて飲んでいいのですが、だいたいの決まりを覚えておきましょう。

メニューをゆっくり検討したいときは、とりあえず食前酒を1杯頼み、飲みながらメインのお酒や料理をじっくり選ぶのもいい方法です。

お酒の流れ

●食前酒●

オーダーをするときや料理を待つ間に、1～2杯飲むお酒です。オードブルまで飲んでいてもいいでしょう。

●食中酒●

●白ワイン

オードブルから魚料理までの間に飲むワインです。

●赤ワイン

肉料理からチーズまでの間に飲みます。

●食後酒●

甘口のワインやシェリー、アルコール度数の高いウイスキーやブランデーなどを飲みます。

Q 食前酒に向いているお酒は？

A シャンパンやスパークリングワインがよく用いられます。または、それらに果汁などを加えたカクテルも向いています。辛口のシェリーもいいでしょう。

ワインのミニ知識

●赤ワイン●

ぶどうを皮ごと発酵させたワインで渋味と酸味があり、熟成されるほどまろやかな味になります。重いワインほど、こってりした肉料理などに合います。

●白ワイン●

皮を除いたぶどう、または黄緑色をしたぶどうを発酵させたワイン。さっぱりとした飲み口なので、オードブルや軽めの魚料理などに合います。

●ハウスワインって？

お店がグラス売りのために常備しているワインです。価格は安めになっていますが、ソムリエが選んだ“お店の顔”ともいうべきワインです。手ごろで、おいしいワインが飲めます。

●ロゼ●

赤ワインの発酵途中で皮を取り除くので、ピンク色に仕上がります。味は白と赤の中間で、渋味がまろやか。どんな料理にも合わせやすいワインです。ただし、正式な場ではあまり用いられません。

お酒をオーダーする

ワインの種類は赤や白に限らず、産地やつくられた年、原料となるぶどうの種類などによっていろいろです。

どのワインにしようか迷ったら、ワインのプロであるソムリエに相談しましょう。軽い・重い、甘口・辛口など、好みの味や予算を伝えます。

ソムリエはワインのサービスだけでなく、仕入れや管理など、ワイン全般について取り仕切っています。

テイスティングをする

ワインが運ばれてきたらテイスティングを行います。テイスティングとは、オーダーしたワインが良好な状態で保存されていたかどうか、味や香りに変質がないかどうかを調べるためのものです。好みに合う・合わないを確かめるものではありません。ただし、テイスティングは形式的な面もあるので、よくわからない場合は、ソムリエを信頼して行わなくてもかまいません。

テイスティングをする場合は、ホストの男性が行います。女性の集まりの場合は、ホスト的な立場の人や目上の人、ワインに詳しい人などが行うといいでしょう。

テイスティングのしかた

1
ソムリエがボトルを見せるので、ラベルを見て、頼んだものであるかどうかを確認します。

2
グラスに少量つがれるので、グラスを持って傾け、光に透かして色や透明感を見ます。

3
グラスを2～3度回してワインに空気を含ませたあと、グラスに顔を近づけて香りをかぎます。

4
ひと口飲んで、味を確かめます。好みに合う・合わないではなく、変質した味がしたらソムリエに確認を。

5
OKであれば「お願いします」と、ソムリエに伝えます。

シャンパンとスパークリングワイン

どちらも、ぶどうを原料とした発泡性のお酒ですが、フランスのシャンパーニュ地方でつくられたものだけを「シャンパン」と呼びます。それ以外の地方でつくられたものは、スパークリングワインといいます。ちなみに、イタリア語では、スパークリングワインのことを「スプマンテ」といいます。

西洋料理とお酒 2

テイスティングが終わったら、全員にワインがつがれ、乾杯します。あとは料理を食べながら自由に飲みましょう。

ワイングラスの扱い方

同じお酒のマナーでも、西洋式と日本式は違います。洋食の席で間違えないようにしましょう。

お酒をついでもらうとき

お酒はソムリエや接客係がついでくれます。そのとき、グラスは持たないのがマナーです。軽く会釈で受けましょう。

グラスの持ち方

カップの部分を持つと、ワインが温まってしまうのでNGです。

ワイングラスは脚の部分を持ちます。指をそろえて持ちましょう。

ブランデーのように持つのも、ワインが温まってしまうので×。

小指でグラスの底を押さえるように持つのも、安定した持ち方です。

乾杯のしかた

全員にお酒がつがれたら、グラスを持ち、「乾杯」で目の高さまで上げてから、ひと口飲みます。

グラス同士を合わせるのはＮＧ。ワイングラスは繊細にできているものが多いので、打ち合わせないように気をつけます。グラスを合わせなくても、「乾杯」のときに、同席者と視線を合わせればＯＫです。

お酒を飲めない人は

断り方

ワイングラスの上に軽く手をかざせば、つがれることはありません。グラスに手でふたをするしぐさは、美しくないのでやめましょう。お代わりを断るときも同様です。

ほかの飲み物を注文する

- アルコール度数の低いお酒

ワインをジュースで割ったカクテルなど、アルコール度数の低いカクテルを注文するのもいいでしょう。

- ノンアルコールカクテル

カクテルの中には、一切アルコールの入っていないものもあります。まったく飲めない人はどうぞ。

- ミネラルウォーター

好みの飲み物がない場合は、ミネラルウォーターが無難。食事中のジュースや炭酸飲料は改まった席ではＮＧ。

Q 魚に白ワイン、肉に赤ワインは決まり？

A 改まった席であれば、ルール通りに頼んだほうが無難です。そうでなければ自分の好みで合わせてOK。

Q テイスティングでワインは交換できる？

A 注文したワインの味が変質していないかどうかを調べるのがテイスティングです。味や香りがおかしければ交換できますが、好みに合わないという理由では無理。

Q 残ったワインは持ち帰れる？

A たいがい持ち帰れますが、お店の人に確認を。

Q ワインのラベルはもらえる？

A お店の人に頼めば、きれいにはがしてくれます。ただし、混雑時を避け、なるべく早めに頼んでおきましょう。

Q 赤と白、グラスの形が違うのはなぜ？

A 白ワインは冷やして飲むとおいしいので、グラスが小さめ。赤ワインは空気に触れるとおいしさが引き出されるので、大きめになっています。

Q フルボトルで飲めないときは？

A ハーフボトルやデキャンタを頼んでもいいし、グラスワインもあります。デキャンタの量はお店によって違うので確認を。

Q ワインは自分でついでいいの？

A 改まった席でのワインのサービスは、ソムリエや接客係に任せます。手酌はもちろん、自分たちでつぎ合うのも控えましょう。

ワインは男性がつぐもの

改まった席でなければ、客同士でつぎ合ってかまいません。その場合は、男性がサービスするのがマナーです。

中国料理とお酒

中国料理によく合うのは、やはり中国のお酒です。日本ではまだまだ知られていませんが、中国酒の種類は実に豊富で、最近ではいろいろと取りそろえているお店もあります。チャレンジしてみるのもいいでしょう。

中国酒の種類

日本でよく知られている中国酒といえば「紹興酒《しょうこうしゅ》」ですが、そのほかにも、たくさんの種類があります。大別すると、黄酒《ホワンチュウ》、白酒《バイチュウ》、薬酒、果酒《グオチュウ》、啤酒《ビイチュウ》があり、その中にまた種類があり、産地による違いもあります。大まかな区別を覚えておいて、選ぶときの参考にしましょう。

黄酒の飲み方

老酒《ラオチュウ》や紹興酒に代表される黄酒の飲み方を覚えましょう。

常温で

黄酒は常温で飲むのにも適しています。お酒の瓶と小さいグラスが出てくるので、ついで飲みます。

ロックで

氷と水が出てきます。水割りにして飲んでもいいでしょう。

お燗で

日本酒と同様に温めて飲みます。中国製の徳利と杯で出てきます。

中国酒の主なもの

黄酒

米、麦、とうもろこしなどを使った醸造酒で、濃い黄色をしています。アルコール度数は15～20度。「老酒」や「紹興酒」など、日本人に一番親しまれているお酒です。

白酒

高粱、とうもろこし、きびなどを原料とした蒸留酒で、透明で無色。アルコール度数は30～60度と高めですが、長期熟成させているので、飲み口はまろやか。「芽台酒」が有名。

果酒

果実酒のことで、キンモクセイを漬け込んだ「桂花陳酒」が有名。杏酒や梅酒、ワインもあり、どれも甘口で、アルコール度数が12～16度と低め。

薬酒

黄酒、白酒、果酒に薬草や漢方薬を漬け込んだお酒。滋養強壮など、さまざまな効能があります。

啤酒

中国のビールのことで、青島ビール、北京ビール、上海ビールがあります。

紹興酒とは

黄酒の中で、3年以上の長期熟成されたものを「老酒」といいます。その老酒の中で、浙江省紹興地区でつくられたものを「紹興酒」と呼びます。

Q 氷砂糖って入れるもの？

A 黄酒に氷砂糖を入れるのは日本独特の飲み方で、本来は入れないのが正式なマナーです。ただし、飲み方は自由ですから、好みで入れてもいいでしょう。黄酒独特の香りが気になる人は、レモンをもらって絞ると飲みやすくなります。

Q 中国酒以外のものを飲んでもいい？

A 中国料理店では、たいがい中国酒以外にもビールや日本酒、ワインなどを置いています。昨今のワイン人気からワインの種類も豊富になっています。好きなものを選ぶといいでしょう。

Q お酒を飲めない人は？

A 最初から中国茶を注文するといいでしょう。中国では、お茶を飲みながら食事をするのは当たり前のことなので、マナー違反にはなりません。もしくは、ソフトドリンクを頼んでも。

お酌のしかた・受け方

●瓶の場合●

ラベルを上にして、瓶の中央を右手で持ち、左手を添えてつぎます。

●徳利の場合●

持ち手があるものは持ち手を右手で持ち、左手を添えてつぎます。ふたが落ちそうなものは、ふたを押さえます。

●お酌の受け方●

グラスや杯を右手で持ち、左手を底に添えて受けます。日本式のマナーと同様、飲むときも左手を添えて。

乾杯

●中国式の乾杯
中国では、食事の途中にも頻繁に乾杯を繰り返す習慣があります。グラスや杯が小さいので、乾杯のつど飲み干すのがマナーとされています。

グラスや杯を両手で持ち、「乾杯」と言って目の高さまで持ち上げます。飲むときは、左手を添えて飲みます。

バーでのマナー

バーは、お酒を静かに飲んで楽しむための大人の社交場です。宴会のように騒いだり、料理をたくさん注文して空腹を満たしたりする場所ではありません。洗練された大人の振る舞いを身につけましょう。

入店したら

ひとりかふたりの場合はカウンターに、4人以上であればテーブルに座ります。3人の場合は、どちらでもいいでしょう。テーブルはチャージ代がかかる場合もあります。お店の大きさにもよりますが、小ぢんまりとしたバーに大人数で行くのは、あまり歓迎されないでしょう。

バーでは少人数で静かに飲みましょう。

人気の席は予約をする

高層ビルの上層階のバーで夜景を見ながらグラスを傾けたいなど、席の好みがある場合は予約をしたほうが安心です。当日、急に決まったという場合も、電話を1本入れて席の空き状況を聞けば、行ってから満席でがっかりという事態を避けられます。小さくて席数の少ないお店の場合も同様です。

Q 女性ひとりで行ってもいい？

A 最近は、女性のひとり客も増えています。ホテルのバーや格式の高いバーほど、接客係やバーテンダーがさりげなくエスコートしてくれるので、安心して楽しむことができるでしょう。ただし、ひとりで酔いすぎることのないよう、長居をせずに引き上げること。

Q バーはいつ利用する？

A 日本では食後に立ち寄る人が多いのですが、欧米では、食前にちょっと立ち寄るという利用法も一般的。食前酒は食欲を増進させる効果があるので、軽く1～2杯を飲んで、さっと引き上げます。

バーでのマナーNG集

お店の雰囲気を壊すような振る舞いはタブー。酔って失態を演じないように注意を。

バーテンダーを独り占めにする

バーテンダーはすべての客に気を配っているので、独り占めにするのは禁物。酔いが回ってくると、ついしゃべりすぎてしまうので気をつけましょう。

普段着で行く

バーは大人の社交場です。カジュアルな服装であっても、おしゃれ心をプラスすることを忘れずに。まるっきりの普段着やラフすぎるスタイルはNGです。

ビールばかり飲む

好きなお酒を飲んでいいのですが、せっかくバーに行ったのだから、カクテルなど、バーならではのお酒を注文してみましょう。

おつまみばかり食べている

バーは食事をしに行くところではないので、空腹であれば、ほかの店で食べてからバーへ。軽いおつまみを頼む程度にします。

酔いつぶれる

飲みすぎて醜態をさらすのは恥ずかしいものです。カクテルの中には思いがけず強いお酒もあるので、初めて飲むものは必ず確認を。

酔って騒ぐ

バーは静かにお酒を楽しむところ。酔いが回ってくると声が大きくなりがちなので注意します。酔っ払って騒ぐのは、もちろんＮＧ。

バッグの置き方

大きい荷物やコートはお店に預かってもらうようにします。隣の椅子が空いているときは、そこに置いてもいいでしょう。

ひざの上にのせてもいいでしょう。

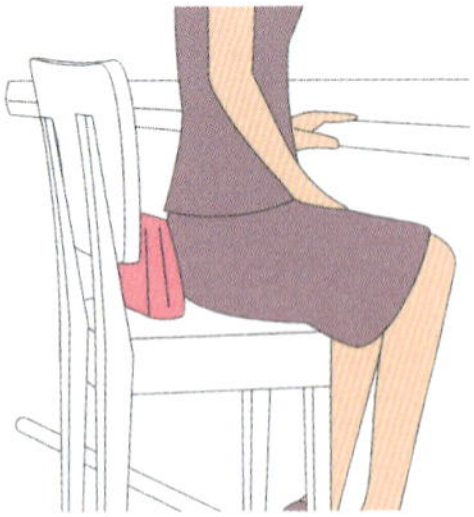

バッグは背もたれと背中の間に置きます。

××××NG××××

足をぶらぶらさせる

背が高い椅子の場合、無意識のうちに足をぶらぶらさせてしまうことがあるので注意。靴を落としてしまったら恥ずかしいもの。足はきちんと止まり木に置きます。足を組むのはOKです。

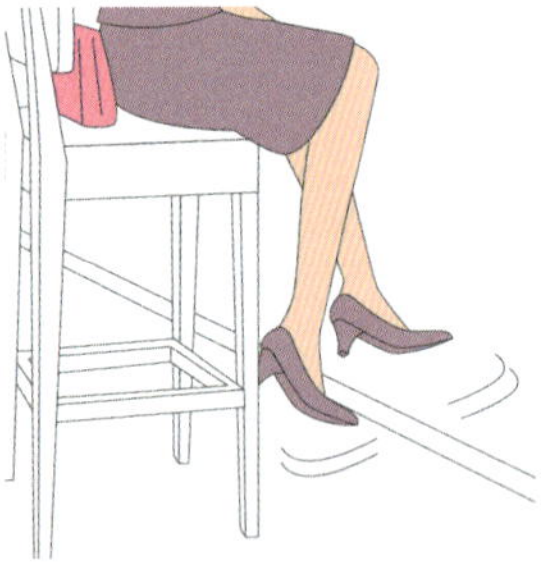

ソファーにふんぞり返る

ソファーの場合、くつろぐのはいいのですが、ふんぞり返っているように見えることもあります。背すじを伸ばし、とくに短いスカートの場合は足を組まないほうがきれいでしょう。

バーでの振る舞い方

モジモジしているのは美しくありません。堂々とエレガントに振る舞いましょう。

背の高い椅子の座り方

バーのカウンターでは背の高い椅子やスツールが置かれている場合があります。スマートな動作で座りましょう。

1

椅子を手前に引いて、椅子のそばに立ちます。お店の人が引いてくれる場合もあります。

2

カウンターに片手を置き、右足を左足とクロスさせるようにして止まり木にかけます。

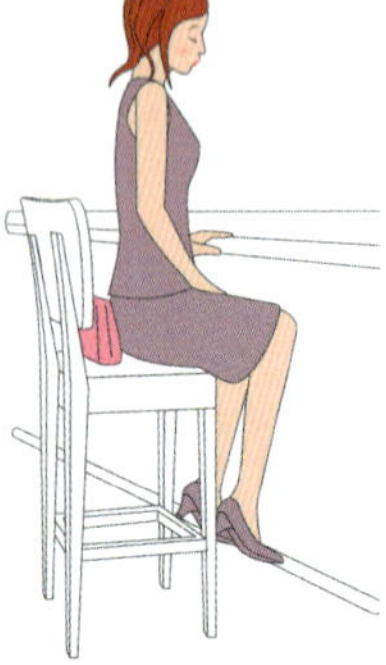

3

お尻を上げて、サッと椅子に座ります。「どっこいしょ」という感じにならないよう注意。

オーダーする

バーでのオーダーのしかたにルールはないので、好みのお酒を好きなように注文します。ただし、メニューにはカクテル名だけが書かれていることが多いので、何が入っているかわからないと注文しにくいものです。バーテンダーに相談しながら決めるといいでしょう。また、好みのカクテルをいくつか決めておくと、スムーズに注文できます。

上手な頼み方

何杯か頼む場合は、こんなことを頭に入れておいて。

- さっぱりした味から濃厚な味へと頼むと、それぞれの味を楽しめます。
- アルコール度数の低いものから高いものへと、徐々に強くしていくのが無難です。
- ジンやラムなど好みのお酒にこだわり、ベースとなるお酒を変えずにオーダーするのも粋なものです。

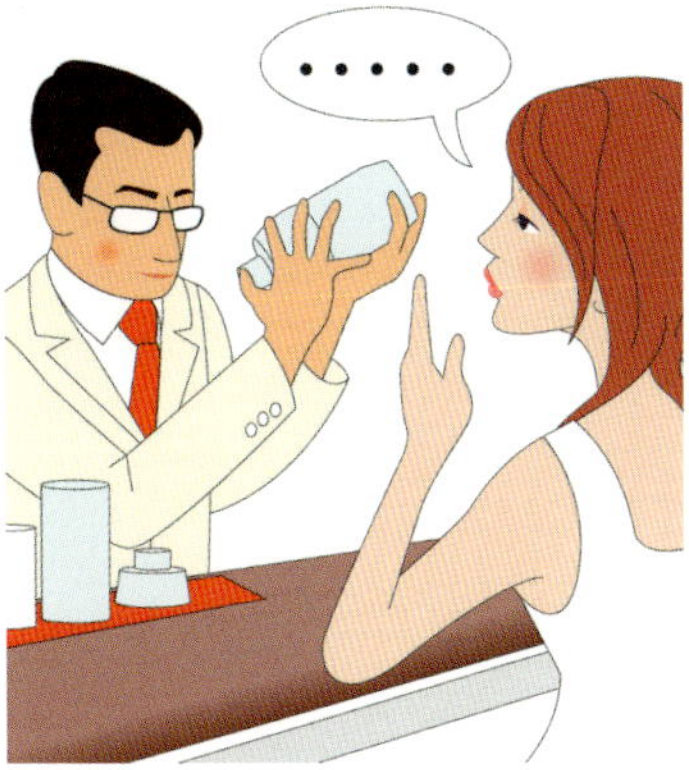

メニューがない場合

バーでは、メニューが出てこないことがよくあります。「何になさいますか？」と聞かれたら、好みのカクテルを注文したり、カウンター内の棚に並んでいるお酒の瓶を見て注文したりします。わからない場合は、飲みたいもののイメージを伝えて、バーテンダーにお任せするのが安心です。

イメージの伝え方

- 甘口、辛口、フルーティー、さわやか、濃厚など、味の好みを伝えます。
- ジン、ラム、ウォッカ、テキーラなど、ベースとなるお酒の好みを伝えます。
- お酒の強さの好みを伝えます。お酒に弱い人はとくに注意。
- カクテルではなく、「ウイスキーでまろやかな味のものを」といった、お酒そのものを味わうオーダーもできます。

Q カクテル以外のお酒は？

A　ウイスキー、ブランデー、ジン、ラムなどを、カクテルにしないで、そのまま注文する方法もあります。ただし、ウイスキーといっても、いろいろな種類のものが置かれているので、その中から好みの銘柄を選ぶことになります。また、ロックや水割りなど、飲み方も選びます。

Q おつまみを頼まなくてはダメ？

A　お店の方針にもよりますが、バーはお酒を飲むところなので、おつまみを頼まなくてもかまいません。もしくは、ナッツなどの乾きものを一品頼むだけでもＯＫです。

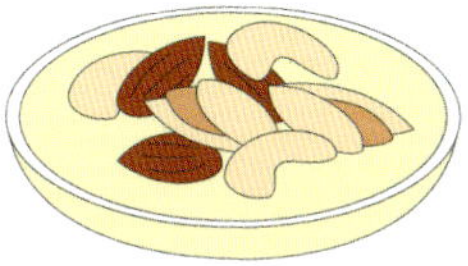

Q 飲めない人はどうする？

A　バーではソフトドリンクより、ノンアルコールのカクテルを注文するのもいいものです。ジンジャーエールベースの「シャーリーテンプル」「サラトガクーラー」、トマトジュースベースの「バージンメアリー」などが知られています。

カクテルの種類や飲み方

カクテルを注文するときにまごつかないよう、基本的な知識を仕入れておきましょう。

カクテルの種類

カクテルには昔から伝わる伝統的なもののほかに、そのお店のオリジナルメニューもあり、実に種類が豊富です。好みのカクテルを選べるよう、ショートドリンクとロングドリンクの違い、ベースとなるお酒の種類など、まず大まかな分類から覚えましょう。

有名なカクテルも、頭に入れておくと役立ちます。自分の好みに合いそうなものから、いくつかトライしてみるといいでしょう。

●ショートドリンクとロングドリンク●

カクテルは、飲む所要時間によって分類できます。時間をかけずに10〜20分ぐらいで飲みきるのがショートドリンクで、アルコール度数が高め。カクテルグラスで出てきます。それに対して、ロングドリンクは30〜40分ぐらいかけてゆっくり飲んでもOKのもの。アルコール度数が低めで、タンブラーなどで出てきます。

●ベースとなるお酒での分類●

カクテルには、まずベースとなるお酒が必要で、それによって味に特徴が生まれます。ジン、ラム、ウォッカ、テキーラ、ウイスキー、ブランデー、ワインなどが一般的。オーダーのときに、まずベースから決めるという方法もあります。

知っておきたい有名カクテル

●マティーニ
ジン(またはウォッカ)+ベルモット。辛口カクテルの代表格。

●ギムレット
ジン+ライム。さわやかな辛口カクテル。

●ジントニック
ジン+トニックウォーター。飲みやすいロングドリンク。

●シンガポール・スリング
ジン+レモンジュースなど。甘酸っぱいロングドリンク。

●ダイキリ
ラム+ライム。ヘミングウェイが愛したカクテルの名作。

●マイタイ
ラム+パッションフルーツジュースなど。トロピカルドリンクの傑作。

●ソルティードッグ
ウォッカ+グレープフルーツジュース。スノースタイルのロングドリンク。

●スクリュードライバー
ウォッカ+オレンジジュース。飲み口のいいロングドリンク。

●ブラディー・マリー
ウォッカ+トマトジュース。ヘルシーなロングドリンク。

●マルガリータ
テキーラ+ライム。スノースタイルのさわやかカクテル。

●テキーラ・サンライズ
テキーラ+オレンジジュース。朝焼け色のロングドリンク。

●マンハッタン
ウイスキー+ベルモット。マティーニの女性版といわれる甘めのカクテル。

●グラスホッパー
ペパーミントグリーン+ホワイトカカオ。ミントの香りの甘口カクテル。

●カルーアミルク
カルーア+牛乳。デザート感覚で飲める甘いロングドリンク。

●ミモザ
シャンパン+オレンジジュース。ミモザの花のようなカクテル。

●キール
白ワイン+クレームドカシス。食前酒として世界的に知られるカクテル。

●キール・ロワイヤル
シャンパン+クレームドカシス。キールのシャンパン版。

●スプリッツァー
白ワイン+炭酸。清涼感あふれるキリッとしたカクテル。

覚えておきたいカクテルの飲み方

ストローが2本ついているもの

1本を使って飲みます。もう1本は、ストローが詰まったときのスペア。

極細のストローがついているもの

かき混ぜるためのストローです。使って飲んでもかまいませんが、吸い込むのに力がいるのでスマートではないかも。

グラスの縁に塩がついているもの

スノースタイルといわれるカクテルで、ソルティードッグが有名。1か所だけに口をつけて飲んでもいいし、1周ぐるりと口をつけてもOK。

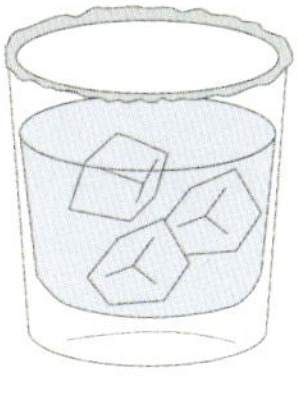

層になっているもの

見た目の美しさを楽しむカクテルなので、ストローがついていてもかき混ぜずに、そのまま飲みます。

フルーツがついているもの

フルーツもぜひ食べましょう。皮や種はナプキンで包んでおきます。飾ってある花は取り出してもいいし、そのまま飲んでもOK。

マドラーが入っているもの

マドラーは使ったら取り出して、紙ナプキンなどの上に置いておきます。レモンやライムは絞ったあと出してもいいし、中に入れたままでも。

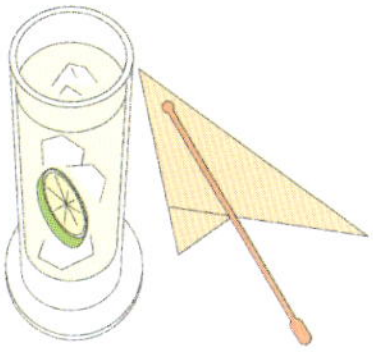

ウイスキーの飲み方

スコッチ、バーボン、カナディアン、アイリッシュなど、好みのウイスキーを好きな飲み方でどうぞ。

ストレート

ウイスキーをそのまま飲みます。チェイサーと呼ばれる水がつくので、適宜水を飲みましょう。

ロック

氷だけを入れる飲み方です。溶けにくいよう丸く成形した大きな氷が使われます。

水割り

氷を入れ、水で割る飲み方です。氷を入れると薄まるので、入れないこともあります。

カジュアルな宴会のマナー

宴会とひと言でいっても、仕事上のつき合いの宴会もありますし、〝飲み会〟と称される肩のこらない宴会もあります。親しい同士の宴会でも最低限のマナーを守って、楽しくお酒を飲みましょう。

宴会の主旨を理解する

宴会でまず大事なのは、何のための集まりであるかをよく理解することです。歓迎会や送別会であれば、主役を立てて、その場を盛り上げることが大事。主役そっちのけで、ただ飲んで騒いで終わりでは、主役に対して失礼ですし、とてもスマートな振る舞いとはいえないので気をつけましょう。

積極的に楽しく過ごそう

宴会を催すには、人選やスケジュールの調整から始まって、お店選びやお店とのやり取りなど、幹事の人に大変な苦労をかけます。出席する人は、幹事の苦労をねぎらい、宴会を楽しいものにするために、積極的に参加して盛り上げましょう。

幹事の手助けをする

基本的には幹事にお任せでいいのですが、ねぎらいの気持ちを忘れずに。大変そうなときは「お手伝いしましょうか？」と声をかけてあげるといいでしょう。ただし、幹事は会の進行や予算などを考えて動いているので、勝手に判断して行動に移すのはＮＧです。

宴会の種類

仕事上では歓迎会、送別会、忘年会、社内懇親会、打ち上げ、慰労会などがあります。プライベートでは、仲間内の忘年会、サークルなど趣味の集まりの宴会などがあります。

その場が盛り上がるように話題を提供し、明るく振る舞って楽しみましょう。

××××NG××××

不満を言う

お店の雰囲気や出されたものにケチをつけたり、ひとりで沈んでいるのはNG。

自分のペースで飲もう

宴会で大事なのは、雰囲気にのまれて飲み過ぎないこと。積極的に振る舞うのはいいのですが、飲み方は自分のペースを守ることです。

Q お酌はして回るもの？

A 宴会の主賓にあいさつを兼ねてお酌にいくとか、主賓があいさつを兼ねて全員について回るというのはいいものです。それ以外では、わざわざ席を立って遠くの人にまでついで回ることはありません。

Q 手酌でよいといわれたら？

A 自分のペースでお酒を飲みたいという人もいます。手酌でよいといわれたら、それに合わせるのも気配りのひとつです。

Q 飲めない人は？

A 乾杯だけは、まわりに合わせてビールなどにし、ひと口飲んだら、あとは好きなものにします。チューハイなどアルコール度数の低いものでもいいし、ウーロン茶などのソフトドリンクでもＯＫ。

お酌のしかた

宴会が始まったら、お酌をしあって飲みます。お酌は会話の潤滑油となるコミュニケーション方法のひとつです。

お酌のタイミング

グラスや杯が空になったら、「いかがですか？」と声をかけて、お酌をします。少し残っていた場合、全部飲みきるように強要してはいけません。

正座で受ける

「いかがですか？」と声をかけられたら、受けるほうは正座をし、姿勢を正します。両手でグラスや杯を持って受けましょう。

断り方

お酒を飲めない人はもちろん、ゆっくり飲みたい場合は、お酌を断ってかまいません。グラスや杯に手をかざし、明るく断りましょう。

乾杯のしかた

宴会は乾杯から始まります。宴会の種類によっては、主催者や主賓のあいさつやスピーチがあり、乾杯へと移ります。

1 お酒をついでもらったら、グラスをテーブルに置いて待ちます。

2 「乾杯します」と言われたら、グラスを持って胸の高さまで持ち上げます。

3 「乾杯」と言って目の高さまで上げ、まわりの人とアイコンタクトをしながら軽く会釈をし、口をつけます。

宴会のマナーNG集

出席者全員が気持ちよくお酒を飲めるよう、酔っても周囲への気配りを忘れないこと

飲み食べに専念する

遠慮のしすぎも禁物ですが、宴会の目的はコミュニケーションなので、黙々と飲んだり食べたりしているのはNG。楽しくおしゃべりをしながら、適度に飲んだり食べたりしましょう。

遅刻する

立食パーティーと違い、着席式の宴会での遅刻はタブー。どうしてもという場合、事前にわかっていれば幹事に伝え、当日であれば幹事に電話を入れます。

お酒をしつこく勧める

お酌をするのはいいのですが、しつこく勧めたり、強要したりするのは厳禁。自分のペースを守って飲めるよう気配りするのが思いやりです。

親しい人だけで盛り上がる

宴会では、みんなが参加できる話題を提供しましょう。親しい人同士で、個人的な話で盛り上がるのは禁物。まわりへの気配りをしましょう。

泥酔する

酔っ払って暴れたり、酔いつぶれて寝てしまったりと、宴会で醜態をさらすのは恥ずかしいことです。自分のペースを知り、調節しながら飲むのが大人の振る舞いです。

参加しないでポツンとしている

話すより聞いているほうが好きという人もいますが、つまらなそうにしていたり、だんまりを決めこんでいるのはNG。積極的に話の輪に加わりましょう。

Q 途中で帰るときは？

A どうしても用事があるときは、途中で退席するのもしかたないですが、宴会の雰囲気に水を差さないよう、そっと帰りましょう。幹事にはあいさつをして帰ります。

Q 取り箸がないときは？

A 大皿に取り箸が添えられていないときは、お店の人に持ってきてもらいます。または、新しい割り箸を取り箸とするといいでしょう。

Q 二次会に誘われたら？

A 二次会は自由参加が原則なので、必ず出席しなければいけないものではありません。帰るときは、勝手に姿を消すのではなく、「お先に失礼します」とあいさつを忘れずに。

Q 鍋は直箸でOK？

A 鍋はみんなでつついて食べるものなので、取り箸がない場合は、直箸でもOKです。ただし「直箸でいいですか？」とひと声かけましょう。改まった席では、取り箸をもらったほうがいいでしょう。

Q カラオケを勧められたら？

A カラオケが苦手という人もいるので、断ってもかまいません。勧めるほうも、強要することのないように気をつけましょう。

Q 追加のオーダーをしたいときは？

A 幹事のいる宴会では、必ず幹事に相談します。予算の都合があるので、勝手に追加注文するのはNG。

お酒で困ったときの対処法

自分が酔いすぎたときや仲間が酔いつぶれた場合など、宴会で困ったときの対処法を覚えておきましょう。

●仲間が泥酔したら●

同性がいれば、同性が介抱してあげます。肩を貸してトイレに付き添ったり、衣服をゆるめたりするのは、同性ならできることだからです。

●仲間が騒ぎ出したら●

物を壊したり、ほかの客の迷惑にならないうちに、すぐにお店の外に連れ出すことです。かなり酔っているはずですから、そのままタクシーなどで帰したほうがいいでしょう。

●グラスや器を壊したら●

酔っ払うと手元が危うくなって、食器などを壊してしまうことがあります。すぐにお店の人にお詫びをし、弁償が必要であれば、その場で払うようにします。

●酔いを冷ましたいとき●

血中のアルコール濃度を下げるには、水分をたくさんとるのが一番です。酔いすぎたと思ったら、水やウーロン茶などを頼んで調整しましょう。

外に出て深呼吸をし、新鮮な空気をたっぷり取り込みましょう。体内に酸素が供給されると代謝がよくなりますし、気分転換にもなります。

●気分が悪いとき●

とりあえず席を離れ、お店の外などの静かなところで休みましょう。気分が回復しないときは無理をせず、幹事にあいさつをして、そっと退席します。

翌日、記憶がないときは

幹事や親しい人に電話をして様子を聞きましょう。もし、失礼なことをしたり、迷惑をかけてしまった人がいたら、すぐにお詫びの電話を入れます。くれぐれも記憶がなくなるほど、飲まないこと。

昨晩○時
くらいから
どんなでした？

翌日、冷やかさない

酔って醜態をさらしてしまった人は、心の中で反省しているはずです。それを、わざわざ「昨日はすごかったね」などと冷やかさないこと。まして人前で言うのは禁物。お酒の席でのことは水に流すのが思いやりです。

××××NG××××

一気飲みは絶対しない・させない

一気飲みは、急性アルコール中毒を起こす可能性のある、非常に危険な飲み方です。最悪の場合は、死亡することもあります。一気飲みを強要したり、まわりで「一気、一気」とはやし立てたりした人は、罪を問われることさえあります。どんなに盛り上がっても、絶対しない・させないという気持ちをだれもが持ちましょう。

酔った人にからまれたときは

隣にいた人が酔っ払ってしつこくなってしまったら、電話やトイレなどを理由にして席を立ちます。すぐに幹事に相談して、席を替えてもらいましょう。

ちょっと
電話を

ダメ！ダメ!!
嫌われますヨ！

セクハラまがいの行為をされたら、「ダメ」という意思をきっちりと、最初はユーモアをもって伝えましょう。それでも効果がないときは、本気で怒るか、幹事に相談を。

タクシーで帰るときは

この人を○○まで
お願いします

かなり酔っている人がいたら、同じ方角の人が送っていくと安心です。そうでない場合は、タクシーの運転手さんに、行き先をしっかりと伝えて送り届けてもらいます。

幹事を頼まれたら

宴会の幹事は、仕事の関係では上司から命令される場合もあるでしょう。そうでない場合は、全員で持ち回りになっていたりします。自分に番が回ってきたら、気持ちよく引き受けましょう。

ひとりでは荷が重いとき

幹事を引き受けたものの、ひとりでは荷が重いと思ったら無理をしてがんばらず、早い段階で、もうひとりだれかに頼みましょう。ひとりで大変なことも、相談相手ができるだけでラクになるものです。もうひとり頼むのが無理な場合は、相談にのってくれる人を探すのもいい方法です。

当日の気配りのしかた

幹事の仕事はお店とのやり取りのほか、宴会を進行させたり、場を盛り上げたり、飲み物や食べ物の管理など、いろいろあります。とはいっても、忙しく走り回っているだけでは、かえってほかの人に気をつかわせてしまうことになりかねません。できる限り、自分も飲んで食べて、その場を楽しむようにしましょう。手伝いを申し出てくれた人には、遠慮なく手伝ってもらうといいでしょう。

ひとりでは悩んでしまうことも、ふたりなら相談しあえるし、新しいアイデアを思いつくことも。

自分も楽しみながら、まわりへの気配りを。

幹事の仕事のスケジュール

計画

- 全員のスケジュールを聞いて日時を決定する。
- 会場(お店)を、いくつか選んで下見する。
- 会場(お店)を決定して予約を入れる。
- 参加する人数を決定する。
- 予算を決定する。
- 参加者全員へ、場所や予算などを通知する。

前日

- 参加者の出席を最終確認する。
- お店に最終確認をし、参加人数などの変更があれば伝える。

当日

- 早めに会場に到着する。
- 全員が集まったら、会を進行する。
- 飲み物や料理が足りているかどうかをチェックし、随時、追加注文をする。
- 参加者全員が楽しんでいるかどうか気配りをする。
- トラブルがあれば対処する。
- 精算、支払いをする。

第6章

ホームパーティーのマナー

・

友人を招いたり、またはおよばれされたり、
くつろいだ雰囲気で楽しめる
ホームパーティーはいいものです。
「親しき仲にも礼儀あり」ですから、マナーを守って楽しみましょう。

招待と返事、服装について

ホームパーティーは、お客様を招待するところから始まります。招待状を受け取ったらなるべく早く返事を出し、どんな服装で訪問するかを決めましょう。また、手みやげも考えておきます。

目的・日時を決める

ホームパーティーを開こうと思ったら、まずティーパーティー、ランチパーティー、ディナーパーティーといった形式を決めます。それによって時間帯を決め、あとは都合のいい日を選んで、招待状を出しましょう。もしくは、参加者を先に決めて、全員のスケジュールの合うときに開くという方法もあります。

招待状を送る

招待状はカードで送ると、改まった感じになります。親しい間柄であれば、Eメールで手軽に送るのもいいでしょう。あらかじめ参加者を決めてスケジュールを調整した場合も、招待状を送って、再度、日時を伝えておくと間違いがありません。「手みやげはお気づかいなく」など、伝えておきたいことがあれば一筆添えます。

返事をする

招待状が届いたら、内容や日時を確認し、返事が必要な場合は、なるべく早く返信しましょう。その際、出欠の返事だけでなく、「楽しみにしています」「せっかくのお誘いなのに残念ですが…」など、ひと言添えたほうが心が伝わります。

まず、どんなパーティーにしたいのかを決めましょう。ホームパーティーにルールはないので、お客様と楽しい時間を過ごすことを目的とし、自分のできる範囲でおもてなしをします。

招待状はEメールでもカードでもOK。返事が必要な場合は、返信期日も書き込みます。

手みやげを打診しても

手みやげを何にするかは頭を悩ませるところです。親しい間柄であれば、何がいいか聞くのもいいでしょう。もしくは、何を持っていくか伝えておくと、準備するほうもラクです。その場合は、招待状の返事に書き添えておきます。

訪問の服装

親しい間柄であっても、パーティーへのおよばれですから、普段着で出向くのは失礼です。そうかといって、ホテルなどでのパーティーのように飾りたてるのも場違いなもの。控えめなおしゃれを心がけましょう。

●ヘア●

髪の毛がバサッと落ちてこないよう、すっきりとまとめしょう。

●バッグ●

小ぶりのものを持ちます。

●スカートの場合●

座敷に座る場合はとくに、フレアーやプリーツのゆったりしたものがラクです。

●パンツの場合●

ぴったりしたものより、ゆとりのあるものが座ったときにラクです。

派手すぎる

派手すぎるおしゃれは、お宅への訪問に向きません。

××××NG××××

脱ぎにくい靴

ブーツやひも靴など、脱ぎにくい靴は避けます。

素足

改まった訪問では、素足はNG。ストッキングを履きましょう。

強い香水

家の中での香水はとくに強く感じるので、つける場合は少量に。

ミニスカート

ミニスカートは座ったときに、ももが見えるのでNG。

タイトスカート

座敷に座る場合はとくに、タイトスカートは疲れるものです。

訪問するときのマナー

いよいよパーティー当日です。服装やヘアスタイルなど、準備万端整えて向かいましょう。手みやげを持参するときは、あらかじめ用意するか、途中で買う場合は下調べを忘れずに。

時間通りに到着する

パーティーの種類にもよりますが、全員がそろってから始めるようなパーティーであれば、遅刻は禁物。初めて訪問するお宅であればなおさら、余裕をもって出かけましょう。途中で手みやげを買う場合は、どこで何を買うかを決めたうえで早めに出ます。

××××NG××××

遅刻する場合は連絡を

遅刻はNGですが、5分以上遅れる場合は電話を入れて、到着時刻を伝えること。大幅に遅れる場合は、先に始めてもらうようにしましょう。

到着したら

1

コートを着ている場合は、玄関の前で脱いで軽くたたみ、腕にかけます。ヘアなどの身だしなみを整えましょう。

2

チャイムを押します。返事がなかったら、しばらくしてまた押します。立て続けに何度も鳴らすのは禁物。

早すぎたら

時間より早く到着してしまったら、近所を散歩するなどして時間をつぶし、ぴったりに伺いましょう。早く着いたからと、まだ準備中のところへ伺うのは失礼です。

車での訪問は注意

自家用車での訪問は、渋滞で遅れる可能性があり、また先方に駐車場がない場合もあるので避けたほうが無難。それでも使う場合は、余裕をもって出発し、駐車場も事前にリサーチを。

ぬれた傘は

玄関をぬらしてしまうので、外に立てかけておきましょう。先方が中に入れるように言ったら従います。

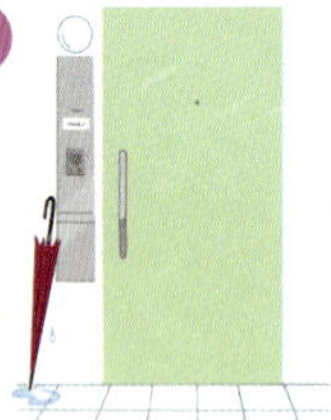

玄関でのあいさつ

ドアを開けてもらったら「こんにちは」と言って中に入り、「ごぶさたしております」「おじゃまします」などと簡単にあいさつをします。上がってから改めてあいさつをするので簡潔に。

案内されるとき

部屋に案内されるときは、家人の斜め後ろ2～3歩のところをついていきます。キョロキョロ見回すのは失礼なのでやめましょう。

手みやげを渡す

手みやげは、玄関で渡す場合と、部屋に案内されてから渡す場合とがあります。親しい間柄であったり、ちょっとした手みやげであったら、玄関で袋などから取り出し、サッと渡したほうが自然です。

Q　コートはどうする？

A　「お預かりします」と言われたら「お願いします」と遠慮なく頼みます。そうでない場合は、部屋に案内されたら、小さく丸めてじゃまにならない場所に置きましょう。ぬれたレインコートの場合は内側を外にして丸め、玄関の隅に置いておきます。

手みやげの注意

●近所で買わない●

訪問するお宅の近所で買ったものは、間に合わせの印象があります。自分の家の近くか、向かう途中で買うようにしましょう。あらかじめ、どこで何を買うか決めておくと時間を食いません。

●花はアレンジしたものを●

花を手みやげにする場合は、そのまますぐに飾れるよう、かごなどにアレンジされたものがベター。もしくは、花束にしてもらうのもいいでしょう。

●菓子は日持ちのするものを●

ティーパーティーでは菓子が用意されているのがわかっているので、菓子を手みやげにするなら日持ちのするものに。生菓子の場合は、持っていくことを伝えておいたほうがいいでしょう。

●粗品と言わない●

渡すときに「粗品ですが…」などと謙遜する必要はありません。「ここのケーキはとてもおいしいんですよ」「いま評判のお店なので」などと、気持ちをこめて選んだことを伝えましょう。

部屋での振る舞い方

部屋に案内されたら、改めてあいさつをして座ります。

●あいさつと座り方（和室の場合）●

1 部屋に入ったら畳の上に正座をし、あいさつをして、ていねいにおじぎをします。

2 座布団を勧められたら、座布団をひざの下に引き寄せます。

3 両手を軽く握って座布団につき、両手に体重をのせて、座布団の中央に素早く進みます。

4 座布団の中央に正座し、両手をももの上で軽く重ね、背すじを伸ばします。

座布団の上に立たない

座布団に座るとき、立ったまま座布団の上にのってから座るのはNG。必ず、ひざをついてから座ります。

××NG×××

●あいさつと座り方（洋室の場合）●

1 部屋に入ったところで立ち止まり、改めて「本日は、お招きいただき、ありがとうございます」とあいさつをし、ていねいにおじぎをします。

2 椅子を勧められたら、椅子を引いて座ります。バッグは背もたれとの間に置くか、床に置きます。

●初対面の方に対して●

「○○さんとは学生時代からのおつき合いで…」など、ホストとの関係を話の糸口にし、なるべく早く打ち解けるよう努めます。

部屋に案内されたとき、先客がいたら、視線を合わせて軽く会釈をします。家人に紹介されたら、「はじめまして」とあいさつをします。

部屋で手みやげを渡す場合

洋室の場合

部屋に入ってあいさつがすんだら、その場で紙袋から出し、正面を相手に向けて渡します。

和室の場合

1 部屋に入ってあいさつがすんだら、紙袋から取り出します。

2 相手に正面を向けて畳の上に置き、両手ですべらすようにして差し出します。

××××NG××××

本棚や食器棚をチェックする

本や食器など、その人の趣味やセンスがストレートに表れるものを、じろじろチェックするのはタブー。ただし、飾り棚で見せることを前提にしているものはOKです。

何回もおじぎをする

おじぎは、ていねいに1回すれば十分です。何回もペコペコおじぎをするのは見苦しいもの。1回に心をこめましょう。

インテリアに触る

とても高価なものだったり、落としたりする可能性があるので、インテリアには触らないのが原則。手にとって見たいときは、必ず断って。

室内を勝手に歩き回る

家人がいない間に、勝手に室内を見て回るのはNG。インテリアを見たいときは「すてきな置物ですね。拝見してもいいですか？」などと断ってからにします。

ティーパーティーでの振る舞い

お茶とお菓子でくつろぐティーパーティーは、招く側も招かれる側も気軽に楽しめるミニパーティーです。振る舞い方を覚えておきましょう。好きなお菓子を持ち寄って開くスタイルのパーティーもあります。

ティーパーティーとは

もともとはイギリスで始まったお茶を楽しむスタイルです。午後3時に開かれるアフタヌーンティーが、一番優雅で華やかなパーティーとして、よく知られています。

日本でも、ティーパーティーというと、午後2～3時ごろから2時間ぐらい開かれるのが一般的です。

飲み物とお菓子

ティーパーティーでは、紅茶とお菓子を楽しみます。紅茶の葉を数種類用意したり、いろいろなお菓子やサンドイッチなどの軽食を用意すると、華やかになります。ただし、決まりはないので、コーヒーやハーブティー、日本茶など、好きな飲み物やお菓子を用意するのもいいでしょう。好きなものを持ち寄るパーティーも楽しいものです。

ホストに従って

パーティーが改まったものであるか、くだけたものであるかは、ホストの考えによるので、参加者は従います。招待状が届くパーティーであれば改まったものであると考え、服装や振る舞いに気をつけます。

アフタヌーンティーとは

イギリスで19世紀半ばごろ、貴婦人の間で始まったティータイムの習慣で、午後3時に開かれる優雅なお茶会です。3段のケーキスタンドに、スポンジケーキやクッキー、スコーン、きゅうりのサンドイッチなどが美しく盛りつけられ、香り高い紅茶とともに楽しみます。お茶やお菓子の種類が多いほど、華やかなパーティーになります。

ハンカチを忘れずに

普通の家でのパーティーでは、ナプキンが用意されていないこともあるので、ハンカチを持参しましょう。ナプキン代わりにひざの上に広げたり、手や口を拭いたりします。

ティーポットを回して各自がつぐ場合

カジュアルなパーティーでは、各自で自分のカップへつぎ、隣の人へ回すことがあります。

1

ポットを持ち上げて、左手でふたを押さえ、カップにつぎます。ポットが重いことがあるので注意。

2

カップの七分目までつぎます。会釈をして、隣の人に回します。

飲み物を選ぶときは

いろいろな飲み物が用意されているときは、好みのものを選びます。「何でもいいです」などと言わず、好みをはっきり告げます。そのとき、「○○でいいです」と言うのは失礼。「○○をお願いします」と言いましょう。

紅茶以外の場合

コーヒーの飲み方は紅茶と同じです。砂糖やミルクも、同様に好みで使いましょう。ハーブティーの場合はストレートで飲みますが、飲み方は同様です。

ソファーの場合

ソファーがテーブルと離れている場合の飲み方を覚えましょう。

1

お茶やお菓子をいただくときは、ソファーの手前に浅く座ります。

2

好みで砂糖やミルクなどを入れ、ソーサーごと両手で取って、ひざの上に置きます。

3

ひざにソーサーを置いたまま、右手でカップを持って飲みます。

紅茶の飲み方

紅茶が全員にいきわたるまで待ち、ホストが手をつけるのを合図にいただきます。

1

トングで砂糖を取り、ソーサーの上のスプーンにのせます。トングを元に戻します。

2

スプーンごと砂糖をカップへ入れると紅茶がはねません。ミルクやレモンを入れる場合も静かに入れます。

3

カップの模様を傷つけたり、カチャカチャ音を立てないよう、そっと混ぜます。スプーンを前後に軽く動かします。

4

スプーンから水滴がたれないように注意し、カップの向こう側のソーサーの上に置きます。

5

ソーサーは置いたまま、カップの持ち手を持って飲みます。左手を添える必要はありません。

お菓子の食べ方

飲み物に口をつけてから、お菓子を食べます。食べにくいお菓子の食べ方も覚えておきましょう。

●パイ●

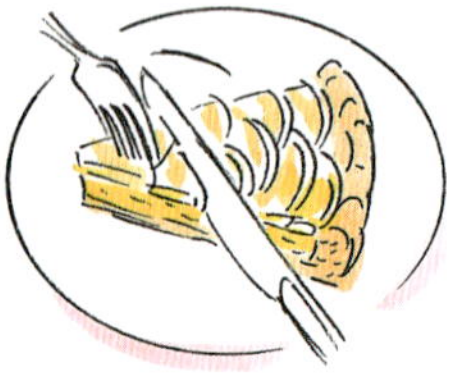

パイ生地はかたいので、ナイフがついていたら、左端から切って食べます。ついていない場合、フォークで切れなければ、手で持って食べます。

●クッキー●

手で持って食べます。ひと口で食べられないものは、手で割りましょう。

●サンドイッチ●

手で持って食べます。クラブハウスサンドのように厚くて具がはみ出しそうなものは、両手でしっかり持って食べます。

●ミルフィーユ●

何層にも重なっているので、フォークを寝かせるとうまく切れません。フォークを縦に刺して切ります。

それでも切れないときは、倒して左端からひと口大に切って食べます。ナイフが添えられていたら、ナイフで切って食べます。

●シュークリーム●

1 カットされている場合は上部を手で持ち、フォークでクリームをつけながら食べます。

2 下の部分は、フォークで小さく切って食べます。フォークで切れないときは、手で持って食べていいでしょう。

●ケーキ●

1 セロファンがついている場合は、フォークの刃でセロファンをはさむようにして、巻き取ります。

2 巻き取ったセロファンを敷いてある銀紙の下に入れ、左手で押さえてフォークを抜き取ります。

3 ケーキは左端からフォークで小さく切って食べます。食べ終わったら、銀紙を軽くたたんでセロファンを包み、フォークの先を入れて置きます。

●小さいシュークリーム●

ひと口で食べられる小さいシュークリームの場合は、フォークで刺すか、手で持って食べます。

Q 苦手なものが出たら？

A 「苦手なのでごめんなさい」と謝って手をつけずにいます。途中まで食べてやめるのは、まずかったのかと勘違いされるので気をつけて。

Q 自分が出したゴミはどうする？

A ケーキのセロファンなどはお皿の上にまとめておきますが、自分が使ったティッシュペーパーなどは、バッグにそっと入れて持ち帰ります。

Q 残ったものはどうする？

A 「どうぞお持ち帰りください」と言われたら、遠慮なくナプキンなどに包んで持ち帰りましょう。取り分けたのに食べられなかったものは、そっと持ち帰ります。

!! 屋外でのパーティー

気候のいいときは、庭やテラスでパーティーということもあるでしょう。風が強い場合もあるので、首もとのスカーフは避けたほうが無難。舞い上がって口紅がべったりついてしまうことがあります。日焼けが気になる人は、日焼け止めを塗るのを忘れずに。

各自で取り分ける場合

お菓子が大皿に盛られて出され、自分で取り分ける場合のマナーです。

1 相客より先に取り分ける場合は、「お先に」と言って軽く会釈をします。

2 全員に行きわたる量を考えて、1～2個取ります。トングやケーキサーバーが添えられている場合は使います。

3 遠い人へは大皿を回してあげます。その場合、テーブルの上を引きずらないよう、両手で持ちましょう。

日本茶とお菓子のいただき方

日本茶や和菓子で、お茶会を開くのもいいものです。知っているようで知らない日本式のマナーを再確認しましょう。

日本茶の飲み方

ふた付きの茶碗で出された場合の飲み方です。

1 左手を茶たくに添え、右手でふたを取り、茶碗の上で縦にして、ふたの裏の水滴を茶碗の中に落とします。

2 両手でふたを持ち、裏返して茶碗の右側に置きます。

3 茶碗を両手で取り、胸の高さまで持ち上げます。

4 右手でしっかりと持ち、左手を底に添えて飲みます。ズズズーッと派手に音を立てないように注意。両手で持って、茶たくに置きます。

5 全部飲み終わったら、両手でふたを持って戻します。

××××NG××××

ふたの置き方

ふたは、テーブルの上に裏返して置くのが正式です。裏返さずに置くと、水滴でテーブルをぬらしてしまうので注意。

●ふた付きでない場合●

湯のみ茶碗は、ふた付きが正式というわけではありません。ふたがないときは、両手で取り上げ、右手で持ち、左手を底に添えて飲みましょう。

ソファーの場合

ソファーとテーブルが離れている場合の飲み方です。

1 ソファーに浅く座り、茶たくごと両手で取り上げて、ひざの上にのせます。

2 茶たくをひざの上に置いたまま、茶碗を両手で取り上げ、右手で持ち、左手を底に添えて飲みます。

和菓子の食べ方（干菓子）

らくがん、おこし、かりんとうなどのかたいお菓子です。

手で持って食べます。たいがいはひと口で食べられる小さいものですが、大きい場合はかみ切ります。

せんべい

手で持って食べます。大きいものは割って食べますが、かけらが飛び散らないよう、お皿の上で静かに割ります。

懐紙を用意しよう

日本式のマナーでは、口や手をぬぐうのに懐紙を使うと上品です。かみ切るときに、口元を隠すのにも使えます。懐紙がない場合は、ハンカチで代用しても。

和菓子の食べ方（生菓子）

練り切り、ようかん、まんじゅうなどのやわらかい菓子です。

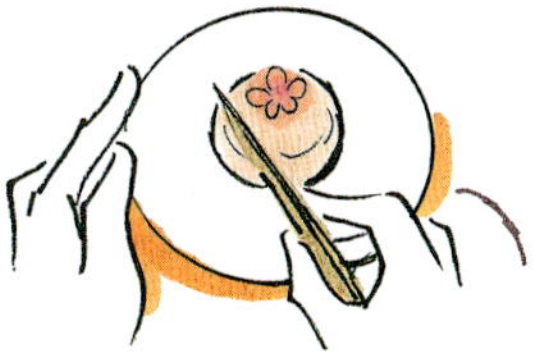

1 楊枝が添えられているので、左端から小さく切ります。

2 楊枝で刺して食べます。

楊枝がないとき

手で持って食べます。大きいときは、お皿の上で、小さく割って食べます。

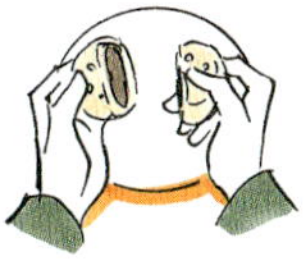

濃茶と薄茶

抹茶には濃茶と薄茶があり、濃茶は苦味があり、薄茶はさらりとしています。濃茶は一客の椀をみんなで回し飲みするので、ひとりが３口半と決まっています。薄茶はひとりに一客ずつ出されます。

抹茶の飲み方

正式なお茶席ではないので、だいたいの作法ができていれば大丈夫。お菓子を食べてから、お茶をいただきます。

1 右手で茶椀を取り上げ、左手で持ちます。左手の親指を縁にかけ、それ以外の指で底を支えます。

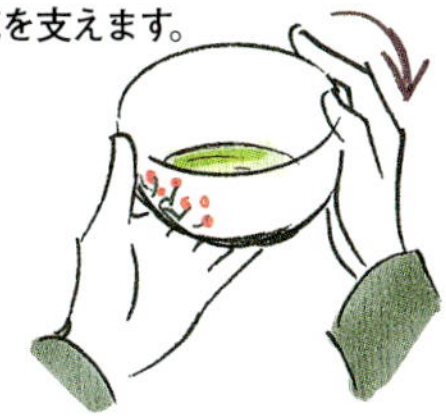

2 右手で時計回りに茶椀を回します。正面に口をつけるのを避けるためなので、１～２回軽く回せばＯＫ。

3 右手を添え、何回かに分けて飲み干します。薄茶の場合、何回で飲むという決まりはありません。

4 飲み終えたら、右手の親指と人差し指で、口をつけた部分を左から右にぬぐいます。指を懐紙で拭き、茶椀の正面を元に戻して置きます。

会話の楽しみ方

パーティーではコミュニケーションをとることが大事。その場を盛り上げ、初めての人とも会話が弾むような話題づくりを心がけましょう。

インテリアや庭をほめる

インテリアにこった家や、すてきな庭がある家では、率直にほめるといいでしょう。ただし、そうでない場合は、お世辞や嫌味に聞こえるので注意。

初対面の人に話題をふる

初対面の人には、「○○さんは…」となるべく相手の名前を入れるようにして、話題をふると親しさが増します。最初は、当たりさわりのない話題を心がけましょう。

プライベートな話題は自分から

「ご結婚は？」といったプライベートな質問はＮＧです。ただし、自分から言い出す分のはＯＫ。さり気なくプライベートな話題も提供すると、場がなごみます。

お茶やお菓子をほめる

その場に出ているものから話題を広げていくのが自然です。「おいしい紅茶ですね。何の葉を使われているんですか？」などと、話が広がるように水を向けるといいでしょう。

器やテーブルセッティングをほめる

もてなすほうは、細部にまで気をつかっているはず。「すてきなカップですね」「テーブルセッティングのセンスがすばらしいわ」などと、ほめるところから話の糸口を見つけましょう。

パーティーにふさわしくない話題

政治、経済、宗教など議論になりそうなことは避けます。事件、病気、グチなど、暗くなりそうな話題もＮＧ。知人のうわさ話、仕事の難しい話、露骨な下ネタなども避けます。

パーティーにふさわしい話題

誰もが参加できる話題は、天気や気候、趣味、スポーツ、旅などの話でしょう。明るい話題を選べばニュースや健康についてもＯＫ。共通の知人の話もいいですが、うわさ話にならないよう気をつけること。家族の話は、自分から話すのはいいですが、人のことを詮索するのはＮＧ。仕事の話は、かたくなりすぎなければＯＫです。

マイグラスを確保する

席の移動が自由なパーティーでは、自分のグラスがわからなくなってしまうことがあります。グラスの脚にブレスレットを巻いたり、ハンカチをナプキン代わりにして、マイグラスの印を。

全部食べきる

出された料理は、なるべく全部食べきるのが礼儀です。遠慮をせずにいただきましょう。

Q　タバコはどうする？

A　灰皿が出ていれば、「吸ってもいいですか？」とひと声かけてから吸います。そうでなければ、喫煙できる場所を聞きましょう。

Q　苦手なペットを飼っていたら？

A　犬や猫などが苦手で我慢できないときは、無理に「かわいいですね」などと言わず、「すみません、苦手なんです」と正直に伝えましょう。近づかないように配慮してくれるはずです。

ディナーパーティーの場合

お酒や食事を楽しむディナーパーティーは、大皿からみんなで取り分けて食べるビュッフェ式が一般的です。

おもてなしの一杯を楽しむ

ビュッフェ式のパーティーでは、出入りが比較的自由なので、早く着いた人はおもてなしの一杯を楽しみましょう。ビールやスパークリングワインなどを飲みながら、ほかの人がそろうのを待ちます。

ホストの手伝いをしても

カジュアルなパーティーであれば、「お手伝いしましょうか？」と声をかけて、料理などを運ぶのを手伝うのもいいでしょう。キッチンに入るときは、必ず「入っていいですか？」と声をかけること。

取り箸がないときは

親しい間柄の集まりであれば、取り箸を使わないスタイルの場合もあります。直箸を使う前に「直箸でいいですか？」と聞きましょう。

おいとまのしかた

楽しい時間を過ごしていると、なかなか立ち去りがたいものですが、いつまでも長居するのは禁物。ティーパーティーなら2時間、ディナーパーティーなら2～3時間を目安に、おいとまを告げましょう。

切り上げるタイミング

ホストから「そろそろ…」とお開きを告げられたら、帰り支度を始めます。ホストが切り出さない場合は、客のほうから時間を見計らって切り上げましょう。ただし、盛り上がっているときに、急に帰り支度を始めるのも興ざめなので、話の途切れたときなどに、それとなく行動に移します。

トイレを借りる

2時間ぐらいたつと、ちょうどトイレに行きたくなるでしょう。トイレを借りて、部屋に戻ったのを機に、おいとまを告げると自然です。

テーブルの上を片づける

話の合間にそれとなくテーブルの上を片づけ始め、帰り支度をしているというサインを出します。

時計を見る

腕時計や部屋に置かれている時計を見て、「もう、こんな時間なんですね」と切り出すのもいいでしょう。

客同士でタイミングを合わせる

ホストが席を立ったときなどに、客同士で「そろそろ失礼しましょう」と打ち合わせて、帰り支度を始めるのもいいでしょう。

Q 片づけはどうする？

A 飲みっぱなし、食べっぱなしは失礼ですから、使った食器をまとめて、テーブルの上をきれいにします。キッチンまで運ぶときは「運びましょうか？」と声をかけてからにします。ホストが「そのままで」と言ったら従いましょう。

あいさつのしかた

おいとまを告げて席を立ったら、そこでお礼のあいさつをします。「本日は大変楽しい時間を過ごさせていただき、ありがとうございました」「いろいろとごちそうになり、本当においしかったです」などと、心に思ったことを素直に述べて、感謝の気持ちを伝えましょう。最後に、ていねいにおじぎをします。

洋間では立って、ていねいにおじぎをします。和室では、座布団を下りて正座をし、ていねいに座礼をします。

××××NG××××

玄関で長話をする

思い出したことがあっても、玄関先での長話は禁物。簡潔なあいさつに心をこめて、サッと引き上げたほうがスマートです。

玄関先で

靴を履いたら、向き直ってスリッパをそろえ、「おじゃましました。失礼いたします」とあいさつをして帰ります。すでに、ていねいなあいさつをすませているので、玄関先でのあいさつは簡潔に。改めて長々とお礼を述べる必要はありません。

●コートを勧められたら●

×

何も言われないのに、玄関内でさっさとコートを着てしまうのはNGです。

○

コートは玄関を出てから着るものですが、「こちらでどうぞ」と言われたら遠慮なく着ましょう。

お礼状を書く

パーティーを開くほうは準備から始まって、いろいろ大変な思いをしているはずです。帰ったら必ずお礼状を書きましょう。楽しかった余韻が残っているうちに、すぐに書くのが礼儀です。

●はがきで●

センスのいい絵はがきを使うのもいいもの。また、季節感のある切手や地方の切手を使用すると印象に残るものになります。遅くともパーティーの翌日には投函します。

●Eメールで●

親しい間柄であれば、Eメールも手軽でいいものです。味気なくならないよう、感謝の気持ちを率直に伝えます。

××××NG××××

電話で

よほど親しい仲であれば別ですが、わざわざ電話でお礼を言うことはありません。はがきやメールでさらりと伝えましょう。

NG集

ご自宅におじゃまする際、失礼になること、
恥ずかしいことを覚えておきましょう。

知ったかぶりをする

食器やインテリアをほめるのはいいですが、知ったかぶりは禁物。わからなければ「すてきなカップですけど、どちらのですか？」などと素直に聞いたほうが好印象です。

ほかの部屋をのぞく

ホストに案内された部屋以外をのぞいたり、足を踏み入れたりしてはいけません。トイレに立ったついでについ、ということのないよう注意を。

人のうわさ話をする

パーティーは楽しい話題で盛り上がりたいもの。共通の知人の話は会話の糸口になりますが、うわさ話や悪口はタブーです。

断らずにトイレに行く

トイレに行くときは、「お手洗いをお借りします」と必ず断ってからにしましょう。話が盛り上がっているからといっても、そーっと出ていくのはマナー違反です。

グチをくどくどと言う

その場の雰囲気が暗くなる話題もタブー。仕事や人間関係のグチをくどくど言うのはやめましょう。自分の病気の話を自慢げに語るのも恥ずかしいものです。

勝手に手伝いをする

ホストはいろいろ予定を立てて動いているので、手伝いをするときは「お手伝いしましょうか？」と声をかけてから。勝手に料理を運んだり、断らずにキッチンに入るのはNGです。

ホームパーティーの

長居をする

ホストが切り出さないからと、長居のしすぎは禁物。ホストが引き留めた場合は別ですが、そうでなければ2～3時間を目安に引き上げましょう。

カップに口紅をつける

口紅がべったりとつかないよう、訪問前にティッシュペーパーで押さえておくのがマナーです。それでもついてしまったら、指でぬぐってきれいにしておきます。

化粧直しに時間がかかる

お店のトイレと違って、普通の家でトイレを借りたら、さっさとすませて出てくるのがマナーです。トイレにこもって長々と化粧直しをするのはＮＧ。

食べ残しをそのままにする

出されたものは、きれいに飲んだり食べたりするのがマナーです。満腹で食べきれないときは、お皿の端に寄せておくなどの気づかいをしましょう。食べ散らかしたままでは失礼です。

Q 生理中のナプキンはどうする？

A ナプキン用のボックスがあれば、そこに捨ててもいいですが、知り合いの家で捨てるのは恥ずかしいものです。小さいビニール袋を用意していき、持ち帰るといいでしょう。

ホストをこき使う

「お水ください」「もうビールがないんですけど」など、お客様気分丸出しでホストをこき使うのは失礼です。お酒の入ったパーティーでは、とくに気をつけたいもの。「恐れ入りますが、お水をいただけませんでしょうか？」などとお願いします。

来客を迎えるマナー

パーティーを開く側のマナーです。お客様を招待し、楽しい時間を過ごしてもらうよう、まず事前の準備が大切です。準備万端整えたら、当日は一緒に楽しむことを心がけましょう。

おもてなしの準備

家の中を清潔に、すっきりと片づけることが第一です。とくに、お客さまが使う玄関、居間、トイレは入念に掃除をします。キッチンも見られていいように片づけておきましょう。

玄関

玄関はその家の顔といわれます。靴を片づけ、たたきを掃き、マットやスリッパを点検します。一戸建ての場合は門のまわりや庭も掃き清めます。

居間

生活感のあるものは隠し、すっきりと片づけます。人数分の椅子をそろえます。

トイレ

お客様がホッとひと息つくところなので、汚れが目につきやすいもの。入念に掃除をし、新しいタオルをかけ、気持ちよく使えるよう心配りを。

キッチン

お客様に見られてもいいように片づけておきましょう。

Q ペットはどうする？

A お客様が動物好きであることがわかっていれば、部屋にいてもOKですが、そうでなければ苦手な人もいるので、別の部屋に移動させます。

家をきれいに見せるポイント

- 雑然と散らかった家は見苦しいので、整理整頓が第一。余計なものを片づけて、すっきり見せます。
- 生活感のあるものを隠すと、インテリアにまとまりが出ます。
- すっきりと片づけたら、花やグリーンを飾って、おもてなしの気持ちを表しましょう。

茶菓の用意

家を整え終わったら、次に茶菓を準備します。

菓子

日本茶なら和菓子、紅茶なら洋菓子と、飲み物に合わせて用意し、器やカトラリーも合わせます。得意であれば、ケーキを手作りするのもいいものです。

茶器

出すお茶に合わせて、人数分の茶器を用意します。コーヒーや紅茶であれば、ミルクや砂糖、スプーンなども用意を。

Q 手みやげを打診されたら？

A 「お気づかいなく」と断ってもいいですし、遠慮なく受けてもいいでしょう。親しい間柄なら、何を持ってくるか聞いておくと準備するときに便利です。

Q 食事はどうする？

A 最初から2時間でお開きにすると決めている場合は考えなくていいでしょう。なりゆきで、と思っている場合は、長引いたときのために、出前などを考えておいても。

服装

お客様より目立たないよう気をつけながら、おもてなしの気持ちをこめた、控えめなおしゃれを心がけます。

✕ まったくの普段着というのもNG。エプロンははずし、ボサボサの髪をきちんと整えましょう。

✕ 外出用のスーツを、家の中で着ているのはNG。スーツならやわらかいエレガントな感じのものを。

○ 上品なイメージのブラウスやニットなどで、きちんとした雰囲気に装うといいでしょう。

心配りのポイント

- **おしぼり**

お客様がハンカチや懐紙を使わなくすむよう、おしぼりやナプキンを用意します。

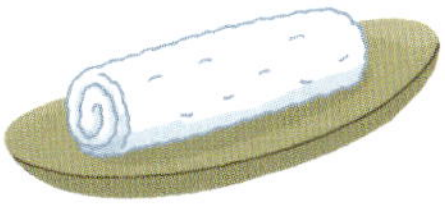

- **灰皿**

わが家のルールに従い、家の中での喫煙がOKなら灰皿を用意します。喫煙は外でという場合は、そう伝えます。

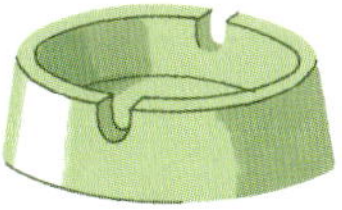

- **換気**

家の中のにおいは、住んでいる人にはわからないもの。お客様が見える前に換気をしておきましょう。

- **香り**

お香などの香りが、ほのかに漂っているのはいいものです。強すぎないよう気をつけましょう。

来客を案内する

お客様が到着したら、玄関に出迎え、部屋まで案内します。約束の時間までにすべての準備を整え、余裕をもって迎えましょう。

チャイムが鳴ったら

約束の時間がくる前に身なりを整え、トイレもすませておきます。チャイムが鳴ったらすぐに、明るい声で応対しましょう。

ドアを開ける

玄関まで出たら「ようこそ、いらっしゃいませ」などと声をかけて、ドアを開けます。

コートを預かる

コートを着ている場合は、お客様が脱いだら「お預かりしましょう」と言って預かります。ハンガーにかけておくとシワになりません。

居間に案内する

洋室の場合

ドアを開けて脇に退き、「どうぞお入りください」などと声をかけます。

和室の場合

床にひざをついて、ふすまを開け、「どうぞお入りください」と声をかけます。

Q お客様の靴はいつそろえる?

A お客様の目の前でそろえるのは失礼なので、お客様を部屋に通したあと、折りを見てそろえます。パーティーで何人も来客するときは、端のほうから、きれいに並べて置きます。

!! すぐに席を勧める

お客様が部屋に入ったら続いて入り、お客様があいさつをしたら、おじぎをして受けます。その後「そちらにおかけください」と席を勧めます。和室の場合は「座布団をお使いください」と勧めます。お客様は遠慮して下座に座ることが多いので、タイミングよく、はっきりと席を指し示しましょう。

席次

席次とは席の順番のことで、上座と下座があります。お客様を案内したら、すぐに席を指し示せるよう、あらかじめ席順を考えておきます。上座には目上の人やパーティーの主賓が座ります。友達同士の気楽な集まりなら、早く着いた順から上座に座るといいでしょう。

和室の場合

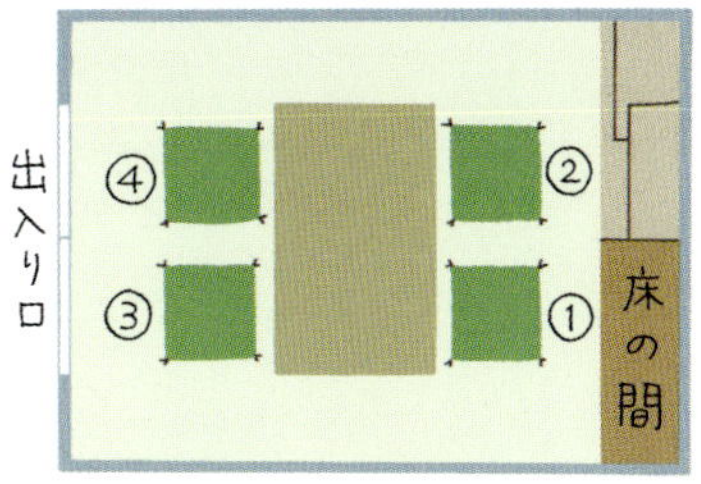

床の間があれば、床の間の前で出入り口から遠いところが、一番の上座になります。

洋室の場合

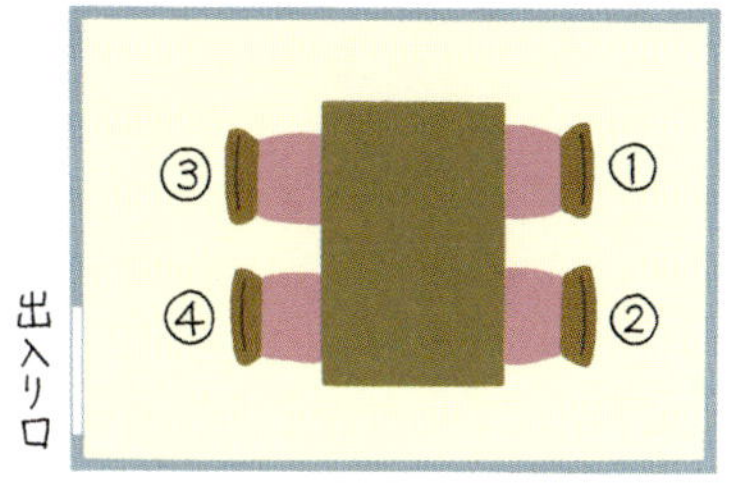

出入り口から遠いところほど上座になります。

手みやげの受け取り方

お客様から手みやげを差し出されたら、お礼を言って受け取ります。玄関で渡されたら、その場でお礼を言って受け取ります。

和室の場合

お客様が座ったら、その前に正座します。手みやげを差し出されたら、お礼を言っておじぎをし、両手で受け取ります。

洋室の場合

お客様に差し出されたら、「お気づかいいただいて、ありがとうございます」と言っておじぎをし、両手で受け取ります。

客同士を紹介する

面識のない客同士は、お互いにどう接したらいいかわからず、気まずいものです。「こちらはサークル仲間の○○さん」「こちらは服飾関係の仕事をされている○○さん」などと、人となりをひと言添えて紹介すると、初対面でも話の糸口がつかめるでしょう。

上座はケースバイケースで考えて

室内の造りによっては、上座がはっきりしない場合もあるので、ケースバイケースで考えます。庭の見える席や、夏は涼しく、冬は暖かい席を上座にしてもいいでしょう。

パーティーの人選

気心の知れた仲間同士でパーティーを開くのもいいですが、知らない同士をパーティーで引き合わせるのもいいものです。または、「どなたかお友達がいらしたら」とお客様に友達を連れてきてもらってもいいでしょう。

××××NG××××

手みやげを放置する

手みやげを受け取ったら、すぐにキッチンに下げます。部屋に置きっぱなしにしておくのは失礼なので気をつけましょう。キッチンに下げたら開いてみて、その場で食べられるものであれば出すといいでしょう。

お茶やお菓子の準備と出し方

ティーパーティーの場合は、お茶とお菓子でもてなします。何をどういう手順でするかをあらかじめ考えておき、当日はまごつかないようにしましょう。お茶やお菓子のサーブは、余裕をもってエレガントに行いたいものです。

お茶のいれ方・出し方

紅茶や日本茶は葉を蒸らす時間があるので、キッチンでいれていると、長い間お客様を放っておくことになります。ホストは場を盛り上げる役目もあるので、お湯や葉、カップなどをテーブルに用意しておき、お客様と会話をしながら、その場でいれましょう。または、お客様に各自でついでもらう方法もあります。そのときの人数や顔ぶれなどで決めておきます。

紅茶の種類

インドのダージリンやアッサム、スリランカのウバ、中国のキームンなどが有名です。アールグレイやアップルティーなど、独特の香りがついた葉もいいものです。数種類の葉を用意しておくと飲み飽きません。

紅茶の準備

お客様がそろったらすぐにスタートできるよう、熱湯を入れたポット、ティーポット、ティーカップ、スプーン、紅茶の缶などをテーブルにセッティングしておきます。ティーカップとソーサーは別々にしておきます。スプーンはテーブルにじかに置かず、トレーなどに入れておきます。

そのほかに用意するもの

砂糖

ミルク

ティーコゼー

おしぼり

お客様の人数分と台拭き用を用意します

レモン

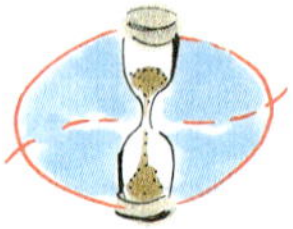

砂時計

普通の訪問では

ティーパーティーではなく、普通の訪問でお茶を出すときは、キッチンでいれていきます。カップとティーポットにお湯を入れて温め、ティーポットの湯を捨てて茶葉と熱湯を入れ、蒸らします。

1 カップの湯を捨て、ソーサーにのせずに紅茶をつぎます。濃さが均等になるようにします。

2 ソーサーを汚さないよう、カップとソーサーを別々にトレーにのせます。ふきんはトレーの下に隠して持ちます。

出し方

カップをソーサーにのせ、両手で持って、ひとりひとりに配って回ります。

カジュアルなパーティーであれば、お客様同士で手から手へ回してもらってもいいでしょう。

紅茶のいれ方

1 ティーポットに、人数分の茶葉とポットのお湯をいれます。

2 ティーコゼーをかぶせて蒸らします。茶葉によって時間が変わりますが、3分が目安です。

3 濃さが均等になるように、カップへ少しずつつぎます。ソーサーを汚すこともあるので、カップはソーサーにのせずにつぎます。

日本茶の場合

紅茶と同様、お客様の前でいれてもいいですし、キッチンでいれてもかまいません。湯飲み、茶たく、急須、ポット、おしぼりなどを用意します。

お客様の前でいれる場合は、ふたなしのほうがめんどうがありません。

キッチンでいれていく場合は、ふた付きのほうが冷めなくていいでしょう。

日本茶のいれ方

基本的には紅茶と同じですが、日本茶の場合は、茶葉の種類によってお湯の温度を変えることが大事です。玉露は60～70℃、煎茶は80～85℃、それ以外は100℃。上質な茶葉ほど、低めの温度でゆっくりいれるのがコツです。

日持ちするものも用意する

日持ちのしない生菓子ばかりを用意すると、お客様の手みやげも生菓子の場合、困ってしまいます。日持ちのする焼き菓子や干菓子も用意しておくと、手みやげが生菓子だった場合は出さないでおくといった対処ができていいでしょう。

お菓子に添えるもの

おしぼり・紙ナプキン

手を使って食べるものの場合は、おしぼりや紙ナプキンを忘れずに。

和菓子

楊枝やスプーンを添えます。

洋菓子

デザート用のフォークやスプーンを添えます。切りづらいものには、デザートナイフも添えます。

お菓子の準備

お菓子はお茶に合わせて何種類か用意します。手みやげがわかっていれば、当てにしてもいいでしょう。

お菓子の選び方

洋菓子には、ケーキなどの生菓子、クッキーなどの焼き菓子、アイスクリームなどの冷菓があります。和菓子には、練り切りなどの生菓子、らくがんなどの干菓子、せんべいなどの焼き菓子があります。どちらの場合も、同じようなものが重ならないよう配慮して、2～3種類用意するといいでしょう。

お菓子を選ぶときのポイント

・食べやすいもの

フォークで切れないもの、口のまわりが汚れるものなど、食べづらいお菓子は避けます。

・季節感のあるもの

旬のフルーツを使ったものなど、季節感のあるものを1種類入れると、おもてなしの華やかな雰囲気をかもし出せます。

・手作りのもの

手作りのお菓子は、おもてなしの気持ちを表すのに最高です。お菓子作りが好きであれば、ぜひ手作りのものを用意しましょう。

・話題性のあるもの

人気のお店のお菓子やはやりのお菓子などを用意すると、話題づくりにひと役買ってくれます。

和菓子の盛りつけ方

和菓子は小さいものが多いので、生菓子と干菓子を盛り合わせるのもいいものです。もちろん一品でもOKです。

せんべいや小さいおまんじゅうなどは、大皿に盛り、自由に取ってもらうといいでしょう。

懐紙は敷くもの？

取り皿に懐紙を敷くことがありますが、敷いたほうが正式ということはありません。絵柄のすばらしい取り皿の場合は敷かずに、絵柄を生かして盛りつけたほうがいいでしょう。

ケーキの盛りつけ方

デコレーションのきれいなホールケーキや手作りのケーキは、大きいまま出して、その場で切り分けるのもいいものです。

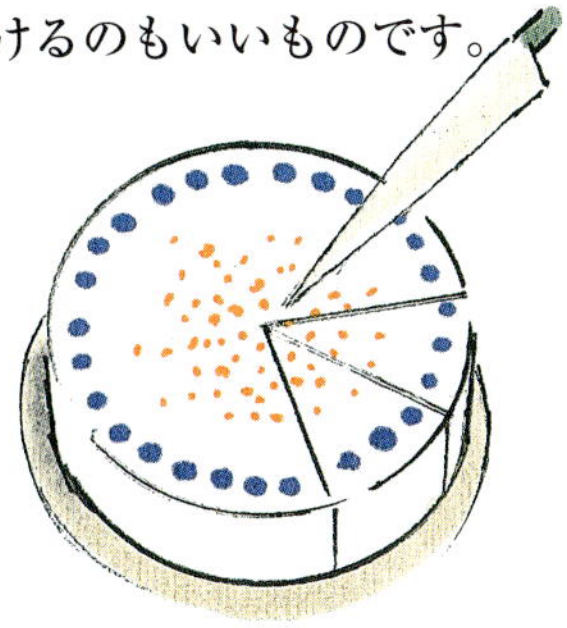

1 お客様にデコレーションを見せたあと、ケーキナイフでカットします。

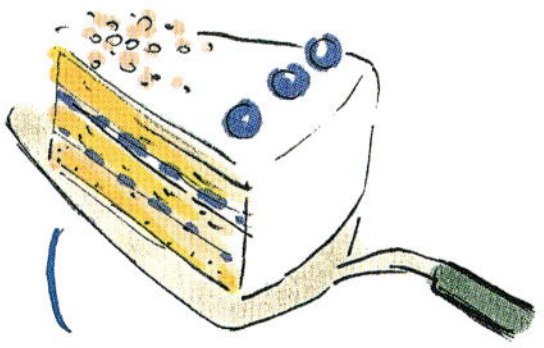

2 ケーキサーバーですくって、取り皿に盛り、お客様に配ります。

洋菓子の盛りつけ方

ケーキなどの大きいお菓子は、取り皿に盛って出します。

クッキーやスコーンなど、小さいお菓子は大皿に盛って出し、自由に取ってもらうといいでしょう。

手みやげを出す場合

お客様からいただいた手みやげが生菓子であれば出しましょう。日持ちのするものであれば、出すかどうかはケースバイケース。出さないから失礼ということはありません。ただし、明らかに大人数分の場合は、出すことを前提に持ってきたはずですから、出したほうが自然です。どのお客様の手みやげかわかるように、「○○さんのおみやげなんですよ」と、ひと言添えるといいでしょう。

出す順番

上座からひとりずつ出していきます。正式には、ほかのお客様の前を横切らないように、場所を移動しながら、お客様の下座側から出します。

前を横切るとき

改まった席でなければ、お客様の前を横切って出してもいいでしょう。ただし、「前を失礼します」と断ってからにし、両手、または、お客様側ではないほうの手で持ってサーブします。

お茶とお菓子の置き方

紅茶の場合も、日本茶の場合も、お茶を右側に置き、お菓子は左側に置くのが決まりです。

お茶とお菓子の出し方

お客様にどうお出しするのか、正式なマナーを覚えましょう。お茶をキッチンでいれていく場合です。

和室の場合

1

部屋に入ったら正座をし、お盆を下座側の畳の上に置きます。

2

茶椀を茶たくにのせます。

3

まず、お菓子のお皿を両手で持って差し出します。次に、茶たくを両手で持って、お客様の前に静かに置きます。

洋室で出す場合

1

部屋に入ったら、お茶やお菓子をのせたお盆を小卓やワゴンに置きます。なければ、テーブルの隅に置きます。

2

カップをソーサーにのせます。

3

まず、お菓子のお皿を両手で持って差し出します。次に、ソーサーを両手で持って、お客様の前に静かに置きます。

ビュッフェパーティーの準備

お酒や料理を出すパーティーの準備です。料理は、大皿から取り分けるスタイルで出す場合です。

飲み物

お客様が好きなものを選べるよう、いろいろな種類の飲み物を用意しておきます。早めに着いたお客様に、とりあえず1杯飲んでくつろいでもらうために、ビールなどの軽いものも用意を。

おつまみ

本格的な料理を出す前に、カナッペや野菜スティックなど、お酒のおつまみになる軽いものを出します。指でつまんで食べられるものが手軽です。

料理

肉料理、魚料理、野菜料理などを、素材や調理法が重ならないように配慮して用意します。大皿にきれいに盛りつけて、取り箸やサーバーを添えます。または、直箸にしてもかまいません。

取り皿とカトラリー

取り皿は人数分用意しますが、ホームパーティーですから、全部そろいでなくてかまいません。料理に合わせてナイフやフォーク、箸を用意します。

グラスマーカー

だれのグラスであるかがわかるように、グラスマーカーを用意するのもおしゃれ。1ダースなどのセットになっているので、お客様に好きなものを選んでもらいます。

おしぼり、灰皿

ティッシュペーパーはおしゃれな感じがしないので、おしぼりや紙ナプキンを用意しましょう。室内での喫煙がOKなら、灰皿を用意します。

持ち寄りパーティー

参加者が料理を一品ずつ持ち寄るパーティー・スタイルです。料理が苦手な人も、これなら気軽にパーティーが開けます。持ち寄った料理をそのまま出すのではなく、食器に移し替えて出しましょう。

パーティーの盛り上げ方

パーティーは、話が弾んでこそ、楽しい時が過ごせるものです。話題づくりや場の盛り上げ方、さり気ない心配りのしかたを心得ておきましょう。

席に着く

ホストがいつまでも立ち働いていると、お客様がくつろげません。お茶やお菓子を配り終わったらすぐ席について、一緒に飲んだり食べたりしましょう。

話題を提供する

最初のうちは、お客様は遠慮がちなことが多いので、ホストが中心になって場を盛り上げましょう。こんな話をしようと、話題をいくつか考えておくといいでしょう。

話題づくりを演出する

話題に詰まったときに困らないよう、話題性のあるものを用意するのもいいアイデアです。「このカップは○○に旅行に行ったときのおみやげなんですよ」と、さり気なく話題を提供できます。

全員に話題をふる

口下手な人もいるし、初参加の人もいるでしょう。全員が話に参加できるよう、「そういえば田中さんの趣味は…」などと話題を投げかけましょう。

さり気ない心配りをしよう

• カップを空にしない

カップが空になったら、お代わりをつぎます。ひとりが2杯ぐらい飲んだら、新しい飲み物を出します。

• トイレは前もって教える

話の途中でトイレは言い出しにくいもの。頃合いを見計らって、「トイレはドアを出た左にあるので、いつでもどうぞ」などと伝えておきます。

• 片づけものはさり気なく

空になったお菓子の器などは、話をしながらさり気なく片づけます。これみよがしに片づけると、お客様がパーティーの終了かと勘違いするので注意。

• 和室では

早い段階で「どうぞ足を崩してくつろいでください」と勧めるのが親切です。

• BGMを流す

シーンと静かなのも話しづらいものなので、場がなごむまでBGMを流すのもいいものです。明るくて、あまりうるさくない曲が向いています。

ホスト役に徹する

話が苦手な人は、ホスト役に徹するのもいいものです。お湯を沸かして、新しいお茶をいれるのもいいでしょう。

家族で招待する

ディナーパーティーなどはとくに、夫婦や家族で招待し、家族も一緒に飲んだり食べたりして楽しむのが自然です。その場合は、招待状に夫婦の名前を記したり、「家族一同お待ち申し上げます」などと書いて、家族で招待することを知らせておきます。

外出する

どうしても、お客様にあいさつしたりするのがわずらわしければ、外出してしまうという方法もあります。ティーパーティーなど、短時間のパーティーであれば、喫茶店などで時間をつぶしても。

家族の振る舞い方

家族が家にいる場合、お客様が来ているのがわかっているのに、顔を出さないのは不自然です。機会を見て、あいさつをするといいでしょう。

家族の紹介はさり気なく

トイレやちょっと飲み物を取りに出たついでなどに、部屋に入って、お客様にあいさつをします。「主人です」「息子です」などと紹介しましょう。

話の輪に加わる

家族がお客様と顔見知りであれば、話の輪に加わるのも自然です。知らない間柄であっても、少しの間、話に加わって交流するのもいいでしょう。その場合は長居せず、適当なところで引き上げます。

お客様を招くときのNG集

食べにくいお菓子を出す

フォークで切れないものや、そのままかぶりつくと口のまわりに粉砂糖がついてしまうものなど、食べにくいお菓子は、銘菓であっても出さないほうが親切です。

大変そうにしている

ホストが大変そうにしていると、お客様は自分たちだけ飲んだり食べたりして、くつろいでいるのが心苦しくなってきます。準備を万全にし、お客様の前では涼しい顔でいましょう。

自分の話ばかりしている

話題を提供するのはいいのですが、自分の話や家族の話ばかりしているのはＮＧ。だれもが話に参加できる話題を選びましょう。

お茶を片手で出す

お盆を片手で持ったまま、もう一方の手でお茶を出すのは、プロの接客係のすること。家でお茶を出すときは、お盆をテーブルの上などに置き、両手で持って差し出しましょう。

ペットを過保護にしている

お客様が動物好きであれば、ペットを出しておいていいのですが、しつけのされていないペットはＮＧ。飼い主には何でもない行為が、他人にとっては不快なことがあるから気をつけて。

ソーサーにこぼしたまま出す

お茶がソーサーにこぼれているのに、そのまま出すのは失礼です。カップとソーサーは別々にして運び、その場でのせて、こぼさないように注意して出します。こぼしてしまったときは、新しいソーサーに替えます。

おもてなしを成功させるポイント

できる範囲で家を開放する

人の家はどういう造りになっているか、だれでも興味があるものです。外国ではお客様を招くと、寝室以外の部屋をすべて見せて回るといいますが、なるべく開放してオープンな雰囲気づくりをしましょう。

自分なりのパーティーを考える

自分の得意なことや自信をもってできる範囲でのパーティーを考えましょう。見栄えにこだわって背伸びをしたパーティーは、気苦労が多いものです。

また来たいと思わせる

素晴らしいおもてなしを受けたのに、なぜか敷居が高いという家があります。ホストががんばりすぎていると、その緊張が伝わるものです。お客様が「また来たい」と思う、くつろげる雰囲気を演出しましょう。

持ち寄りやでき合いのものを利用する

お客さまに手みやげは何がいいか打診されたら、遠慮なく頼んでしまうのもいい方法です。すべて完ぺきにとがんばらないほうが、うまくいきます。

なりゆきにまかせる

パーティーの進行については予定を立てておくものですが、思わず長引いてしまったとか、不測の事態もあるはず。そういうときは、気取らずに、あり合わせの料理を出すなど、臨機応変に対処しましょう。

マナーを気にしすぎない

マナーを守ろうとするあまり、コチコチの緊張した雰囲気になると、せっかくのパーティーが楽しくありません。多少のことは大目に見て、くつろげる雰囲気をつくることを大切にしましょう。

お開きからお見送り

いよいよパーティーの締めくくりです。お客さまが楽しい気分で帰れるよう、心をこめてお見送りしましょう。パーティーの開催時間はあらかじめ決めておいてもいいし、なりゆきにまかせてもかまいません。

切り出し方

パーティーを何時に終わらせるかは、ホストの考え方次第です。あらかじめ2時間ぐらいと決めておき、時間が来たら「そろそろ…」と切り出してもいいでしょう。または、なりゆきにしておき、その場の雰囲気で決めるという方法もあります。

招待状に書いておく

お客様もパーティーが何時ごろ終わるか気にかかるところです。あらかじめ時間を決めて、招待状に開催時間として書いておく方法もあります。

片づけを申し出られたら

「ありがとうございます」と言って受けてもいいし、「お気づかいなく」と断ってもかまいません。または、テーブルの上だけ片づけてもらう、キッチンまで運んでもらうなど、「ここまでお願いします」と区切って手伝ってもらう方法もあります。親しい間柄であれば、洗って片づけるところまで手伝ってもらってもいいでしょう。

手伝いを受けるときは、「テーブルの上にまとめておいてください」など、お客様がわかりやすいようにお願いします。

玄関先で

お客様がお礼のあいさつをして玄関まで出たら、コートを預かっている場合は渡します。「こちらでお召しください」と声をかけるといいでしょう。お礼のあいさつはすんでいるので、玄関先では簡潔に。「お気をつけて」という思いやりの言葉をかけましょう。

コートを渡すときは、中で着るように勧めます。

Q　長居の客はどうする？

A　「そろそろ…」と切り出しているのに、なかなか話が終わらない人や、次々に新しい話を始める人には、「○時から用事があるので…」とはっきり伝えましょう。こちらの都合が悪くなければ「お食事でもいかがですか？」とたずね、腰をすえてつき合っても。

Q　お客様は引き留めるもの？

A　お客様がいとまを言い出したら、一度は引き留めるのが礼儀ともいわれていますが、本当に引き留める気持ちがない場合はかえって失礼です。「今日はよく来てくださいました」と感謝の言葉を述べて送り出したほうがスマートです。

Q　残り物はどうする？

A　お菓子や料理がたくさん残ってしまったら、日持ちのするものは持って帰ってもらってもいいでしょう。料理は密閉容器などに入れます。お菓子はかわいくラッピングして、おみやげとしても。

お見送りのしかた

どこまでお見送りするかはケースバイケース。門の外まで出てお見送りするのが一番ていねいですが、かえって気疲れするという人もいるので、玄関の中で「ここで失礼します」と、さらりと見送るのもいいでしょう。

玄関の外で見送るときは、お客様が門を出て見えなくなるまで、門の外で見送るときは、お客様の姿が見えなくなるまで立っています。

●玄関の中で●

玄関の中で「さようなら」「ここで失礼します」などと、あいさつをします。

●家族で●

家族全員が出てきてあいさつをし、お見送りするのもいいでしょう。

××××NG××××

すぐに鍵をかける

お客様が玄関を出たとたんに鍵をかけると、音が聞こえるので失礼です。しばらくたってからにします。

すぐに外灯を消す

お客様は門を出てから振り返って見ることがあります。しばらくはつけておいたほうが、思いやりが感じられます。

すぐ、うわさ話をする

お客様が帰ったとたんに玄関でうわさ話をするのは失礼ですし、聞こえてしまう可能性もあるので慎みます。

監修　JALアカデミー株式会社

日本航空の人材教育機関として同社の100%出資を受け、昭和60年にJALコーディネーションサービス(株)を設立。平成9年、JALアカデミー(株)へと社名を変更する。日本航空のノウハウをベースに、時代のニーズに合わせたCS「顧客満足」とサービスの本質の教育は大きな評価を得、依頼先は5,000社を超える。公開講座「シンデレラコース」では、元JAL国際線キャビンアテンダントやプロのメイクアップアーティストが講師となり、「美しく輝きたい!」と願う女性を磨き上げるレッスンを開催。その他、できる男に魅せますセミナー、就職対策セミナー、マナーセミナー2日間コース、患者接遇マナー1日コースなどを常設、好評を得ている。

カバーデザイン／熊谷昭典

カバーイラスト／おかもとみほこ

本文デザイン／ヴィンセント

イラスト／有栖サチコ、池田須香子、小田切ヒサヒト、幸内あけみ

構成・編集／佐藤雅美

企画・編集／成美堂出版編集部

美しい食事のマナー

監　修　JALアカデミー

発行者　深見悦司

発行所　成美堂出版

〒162-8445　東京都新宿区新小川町1-7

電話(03)5206-8151　FAX(03)5206-8159

印　刷　株式会社 東京印書館

ISBN4-415-03593-0